Rosie James

NACHHALTIGE Geschenke SELBER MACHEN

41 schöne Ideen für Freunde und Familie

CV

Impressum

Originalausgabe unter dem Titel Green Gifts erschienen bei: Michael O'Mara Books Limited, 9 Lion Yard, Tremadoc Road, London SW4 7NQ

Autorinnen: Rosie James und Claire Cater
Styling: Claire Cater
Fotos: Vladimir Morozov
Design: Natasha LeCoultre

Verantwortlich: Svenja Wiglinghaus
Produktmanagement: Katrin Korch, www.literatur-und-mehr.de
Übersetzung: Katrin Korch
Lektorat: Sigrun Borstelmann
Korrektorat: Katrin Korch
Satz: Martin Jablonka
Umschlaggestaltung: Leeloo Molnár
Herstellung: Kathleen Baumann

Printed in Slovenia by Florjancic

★★★★★

Sind Sie mit diesem Titel zufrieden? Dann würden wir uns über Ihre Weiterempfehlung freuen. Erzählen Sie es im Freundeskreis, berichten Sie Ihrem Buchhändler oder bewerten Sie bei Onlinekauf. Und wenn Sie Kritik, Korrekturen, Aktualisierungen haben, freuen wir uns über Ihre Nachricht an: Christian Verlag, Postfach 40 02 09, D-80702 München oder per E-Mail an lektorat@verlagshaus.de.

Unser komplettes Programm finden Sie unter

www.christophorus-verlag.de

Die Deutsche Nationalbibliothek verzeichnet diese Publikation in der Deutschen Nationalbibliografie; detaillierte bibliografische Daten sind im Internet über http://dnb.d-nb.de abrufbar.

Infanteriestraße 11a
D – 80797 München

ISBN 978-3-8388-3799-4

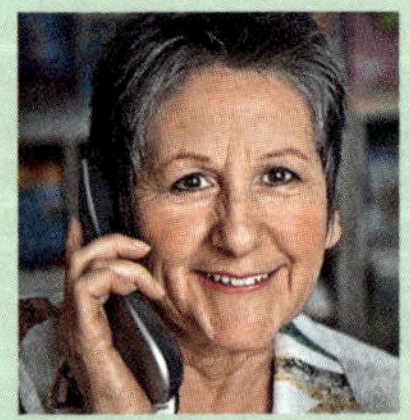

Kreativ-Service

Sie haben Fragen zu den Büchern und Materialien? Frau Erika Noll ist für Sie da und berät Sie rund um alle Kreativthemen. Rufen Sie an! Wir interessieren uns auch für Ihre eigenen Ideen und Anregungen.
Sie erreichen Frau Noll per E-Mail: kreativ-service@c-verlag.de oder Tel.: +49 (89) - 13 06 99 – 577.

Besuchen Sie uns im Internet: www.christophorus-verlag.de

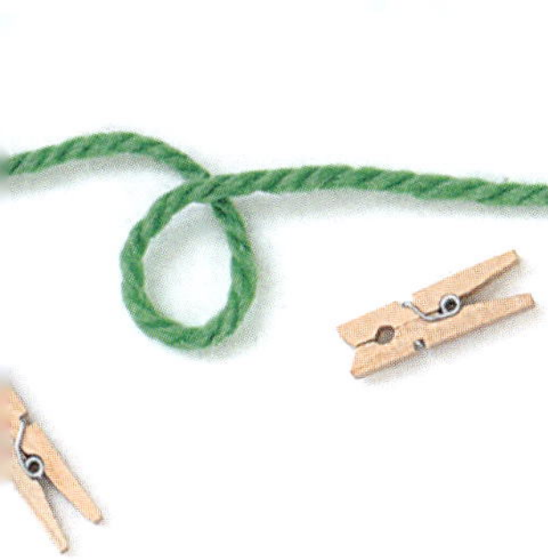

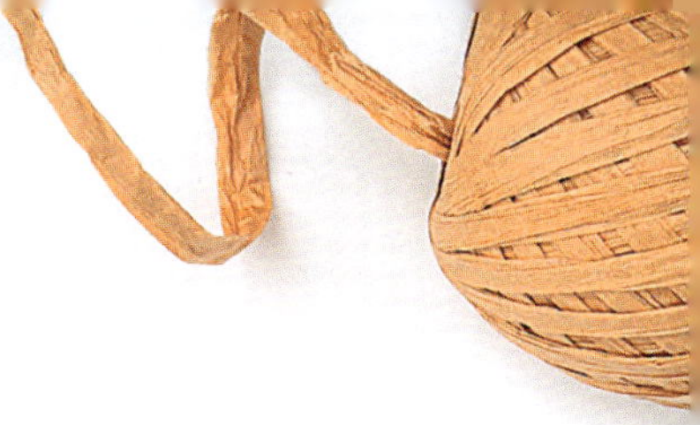

Inhalt

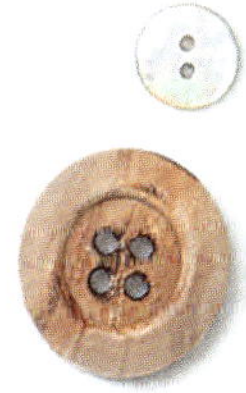

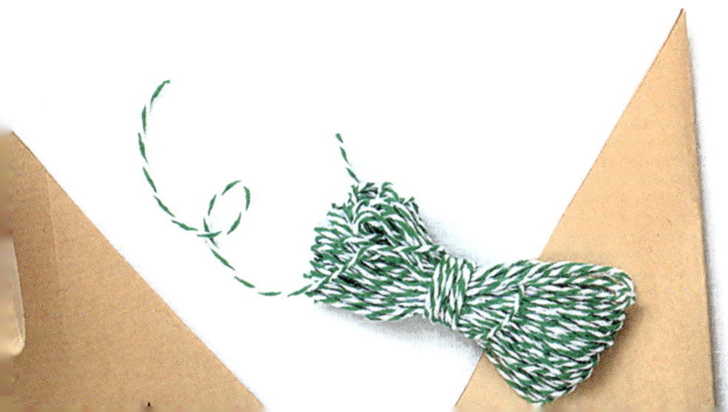

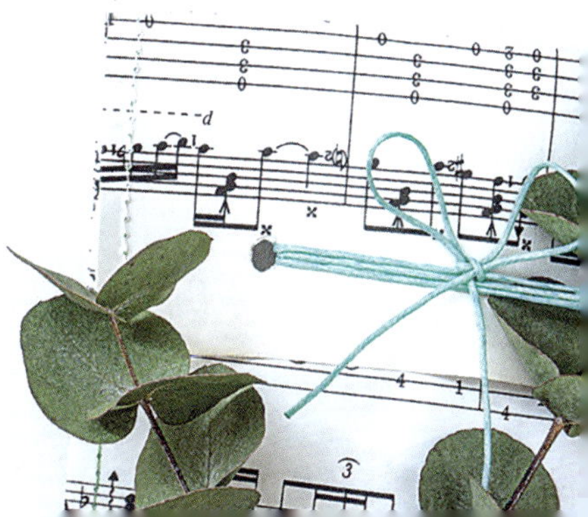

Kapitel 3: Pflanzen-Power

Kapitel 4: Pflege und Kosmetik

Kapitel 5: Für unterwegs

Kapitel 6: Feierliche Anlässe

Kapitel 7: Für Tierfreunde

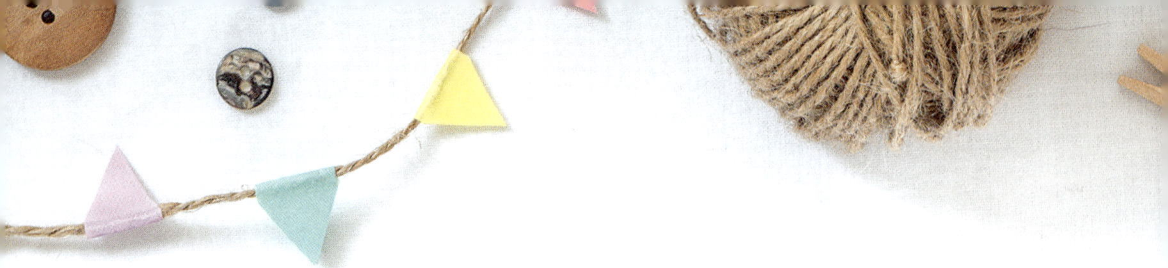

Einleitung

Im Schenken steckt gleich zweifache positive Energie: Die Schenkenden ernten damit Anerkennung und die Beschenkten freuen sich.

Aber das potenziert sich noch, wenn du etwas Selbstgemachtes verschenkst, das wiederverwendbar ist und nicht nur einen materiellen Wert besitzt – das nämlich nachhaltig ist.

Was dein so aufmerksames Geschenk bei deinem Gegenüber auslöst, wirst du vermutlich nie direkt erfahren. Aber es wirkt. Denn du sagst damit nicht nur: Du bist mir wichtig. Sondern auch: Unser Planet ist wichtig. Die upgecycelte Verpackung, die Materialreste, die du mit der Zeit gesammelt hast, und die ganzen wiederverwertbaren Produkte in deinem Arsenal beweisen, dass du dich um die Umwelt kümmerst.

Mit deinem nachhaltigen Präsent verschenkst du zugleich auch die Idee der Umweltfreundlichkeit: eine Inspiration und Initiative zu ökologischem Handeln.

Das Beste an den Geschenken, die du hier siehst, ist, dass sie alle einfach und kostengünstig herzustellen sind. Und du musst nicht viel Zeit damit verbringen, dir neue Fertigkeiten anzueignen, bevor du loslegen kannst. Der Sinn hinter all diesen Präsentideen ist der Gedanke, dass du die Welt veränderst, indem du mit gutem Beispiel vorangehst.

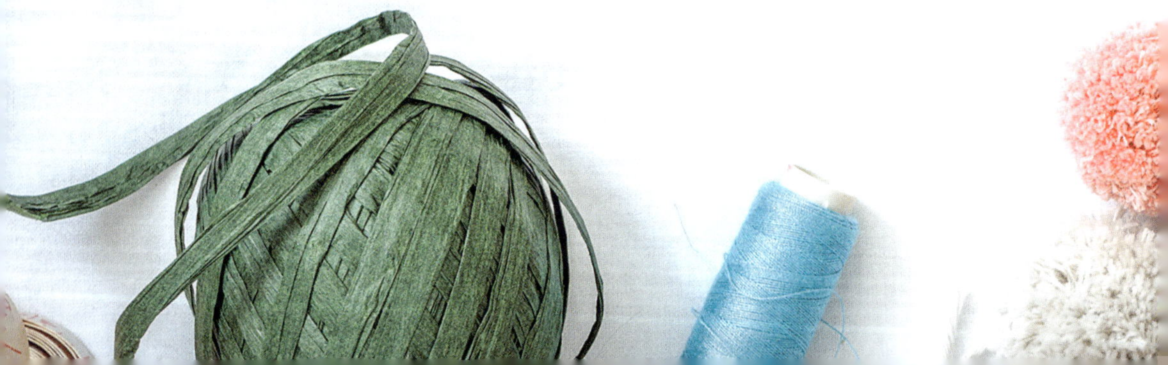

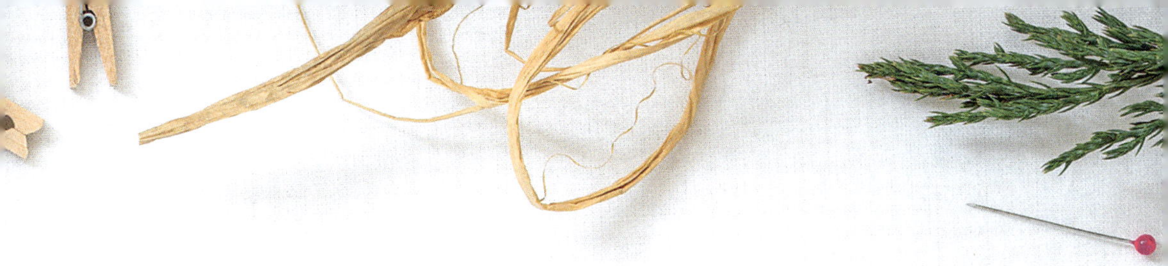

NULL ABFALL, MAXIMALES POTENZIAL / Immer Materialien für umweltfreundliche Geschenke zur Hand zu haben, gelingt dir am besten, wenn du im Alltag auf nützliche Dinge achtest. Sammle Gegenstände, wie im Abschnitt „Materialien" am Ende dieses Buches beschrieben, und du wirst stets ein schnelles umweltfreundliches Geschenk aus dem Ärmel schütteln können.

BESSER EINKAUFEN / Wenn du ein Geschenk aus diesem Buch anfertigen willst, für das dir das passende Material in deinem Resterepertoire fehlt, sei bei der Beschaffung möglichst erfinderisch. Schaue auf den lokalen Social-Media-Seiten, die oft eine Rubrik für „Gebrauchtes und Recycling" haben, oder durchstöbere Second-Hand-Läden. Auch auf eBay kann man Dinge günstig erstehen.
Es ist nie zu spät, mit kleinen Veränderungen anzufangen, nachhaltiger zu leben. Denn dabei zählt nicht nur der Gedanke, sondern auch die Bereitschaft, sich Gedanken zu machen.

HINWEIS ZUM NÄHEN / Hier werden einige Projekte gezeigt, für die man entweder eine Nähmaschine braucht oder die man von Hand nähen muss. Wenn du noch nicht nähen kannst, empfehlen wir die zahlreichen YouTube-Tutorials zu verschiedenen Stichen und grundlegenden Techniken.

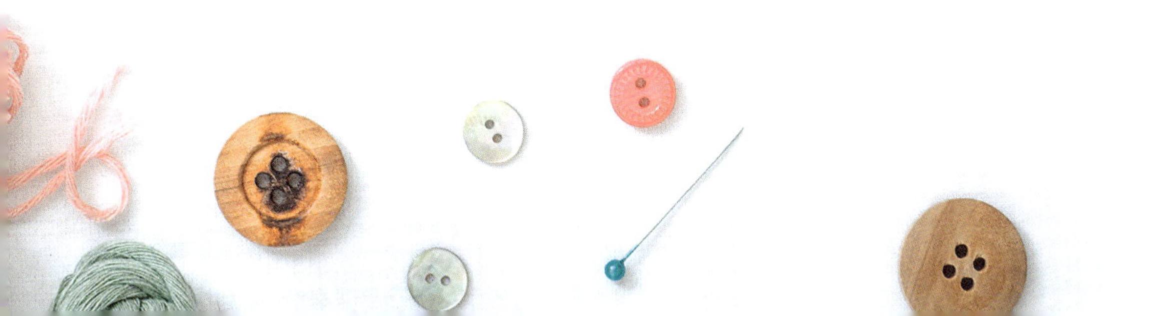

Geschenkpapier

Handgenähte Karten

Verpackung mit der Furoshiki-Technik

Geschenktaschen

Häschen-Tüten

Zusätzliche Dekoration

Umweltfreundliche Verpackung

„Ich mag keine schön verpackten Geschenke", dürfte wohl kaum jemand sagen, also achte auf den letzten Schliff, wenn du deine nachhaltigen Präsente überreichst.

Stoff spielt in diesem Buch eine große Rolle, weil er so vielseitig, leicht verfügbar und preiswert ist, aber man kann auch ein Geschenk umweltfreundlich damit verpacken. Folge unserer Schritt-für-Schritt-Anleitung für Furoshiki, eine einfache und atemberaubende japanische Verpackungstechnik mit Stoff und zudem eine nützliche Methode zur Wiederverwendung großer oder kleiner Stoffstücke. Der Schlüssel beim Verpacken mit Stoff ist der Einsatz von etwas, das du zu Hause hast und dafür benutzen kannst. Aber wenn du neue Stoffe kaufen musst, achte auf Bio-Baumwolle oder andere Naturfasern, die biologisch abbaubar und daher ungiftig für Mutter Erde sind.

Beim Einpacken ist manchmal weniger mehr, wenn du gemusterten Stoff oder mit Text bedrucktes Papier verwendest. Aber einfarbigen Stoff kannst du mit einem zusätzlichen Wow-Faktor versehen, indem du einen Knopfverschluss, einen Zweig mit Blättern oder einen oder drei Pompons anbringst. Vollende das Ganze mit einem Keramikherzen als Geschenkanhänger oder einer handgenähten Karte und denke daran: Es sind immer die kleinen Dinge, die große Wirkung erzeugen.

Geschenkpapier

Verpacke deine Geschenke, indem du dich für ökologische Versionen anstelle eines umweltschädigenden, nicht recycelbaren (und zudem langweiligen) gekauften Einwickelpapiers entscheidest. Wenn du nachhaltige Geschenkverpackungen nimmst, handelst du sowohl preis- als auch umweltbewusst. Deine Wohnung steckt voller geeignetem Material – du musst nur daran denken, es beiseitezulegen. Schaffe dir einen Vorrat an Verpackungsmaterial, sozusagen eine Schatztruhe für perfekte Geschenkumhüllungen. Du kannst Folgendes darin aufbewahren: alte Zeitungen, Zeitschriften, Seiten aus beschädigten oder ausrangierten Büchern, handgeschriebene Briefe, alte Karten, Leinen, recycelten Stoff und braunes Recyclingpapier. Klebeband fällt ebenfalls in die Kategorie der nicht-recycelbaren, umweltschädlichen Produkte, weil es aus Plastik ist. Verwende daher bessere Möglichkeiten zum Befestigen, etwa Schnur, Wolle, Garn, Bast oder auch alte Schnürsenkel.

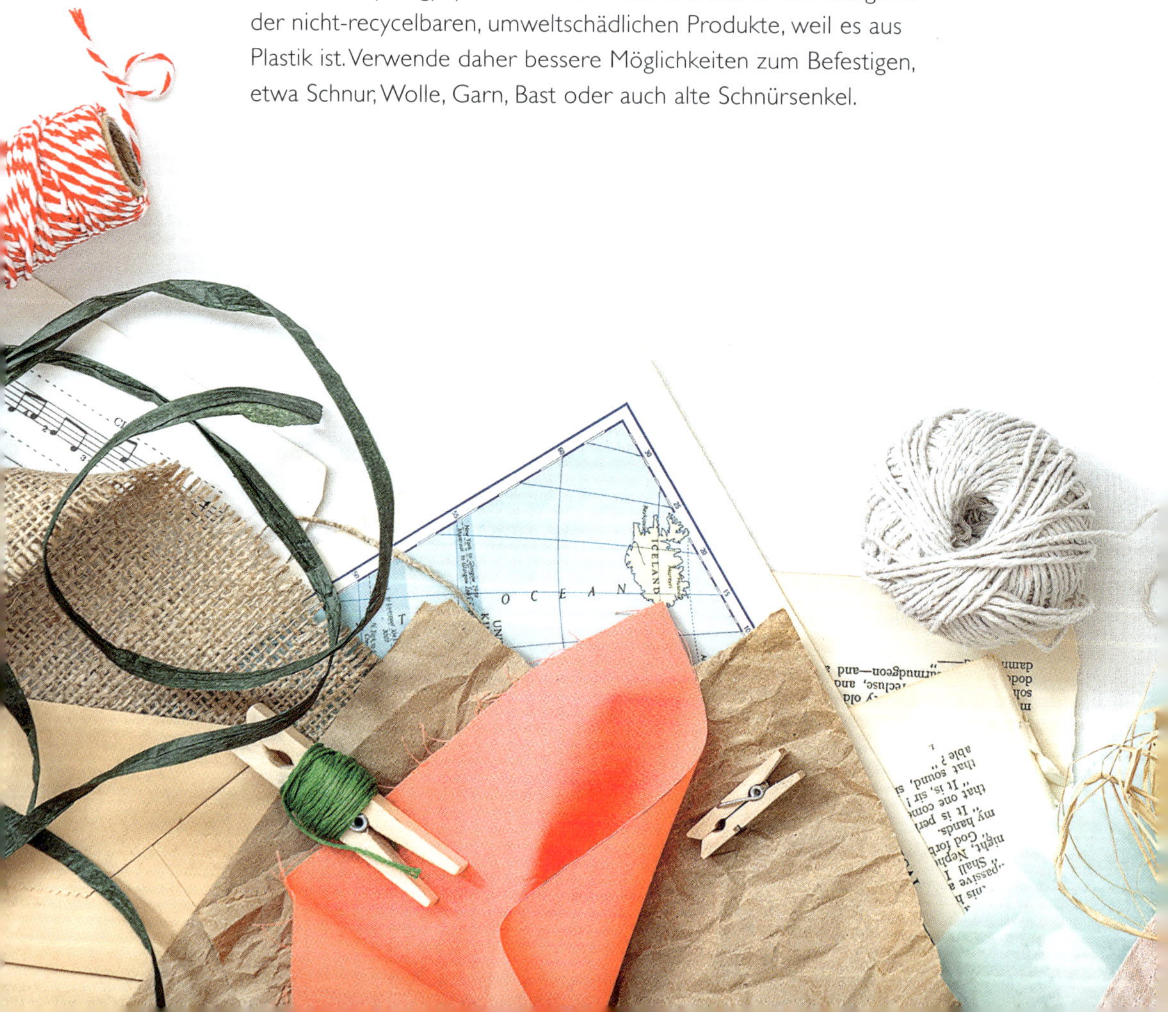

Handgenähte Karten

Diese ausgefallenen Karten eignen sich für jeden Anlass oder Empfänger und können auch als Geschenkanhänger verwendet werden. Dafür benötigt man Pappe, bunte Papier- oder Stoffreste, Nadel und Faden (oder eine Nähmaschine) und kleine Stückchen Washi Tape (aus Papier).

KARTE MIT WIMPELN / Ein Stück Pappe falten. Kleine Dreiecke vom Stoff oder Papierrest ausschneiden und nebeneinander auf der gefalteten Pappe anordnen. Mit etwas Washi Tape festkleben. An der oberen Kante über die Dreiecke nähen, sodass mit der Naht eine Girlande entsteht. Zum Schluss das Washi Tape vorsichtig entfernen.

KARTE MIT SCHMETTERLINGEN UND HERZEN / Wie bei der Karte mit Wimpeln Herzen oder Schmetterlinge ausschneiden und mit Washi Tape auf der gefalteten Pappe befestigen. Damit die Herzen flattern und die Schmetterlinge fliegen, diese in der Mitte aufnähen. Wie oben zum Schluss das Washi Tape vorsichtig entfernen.

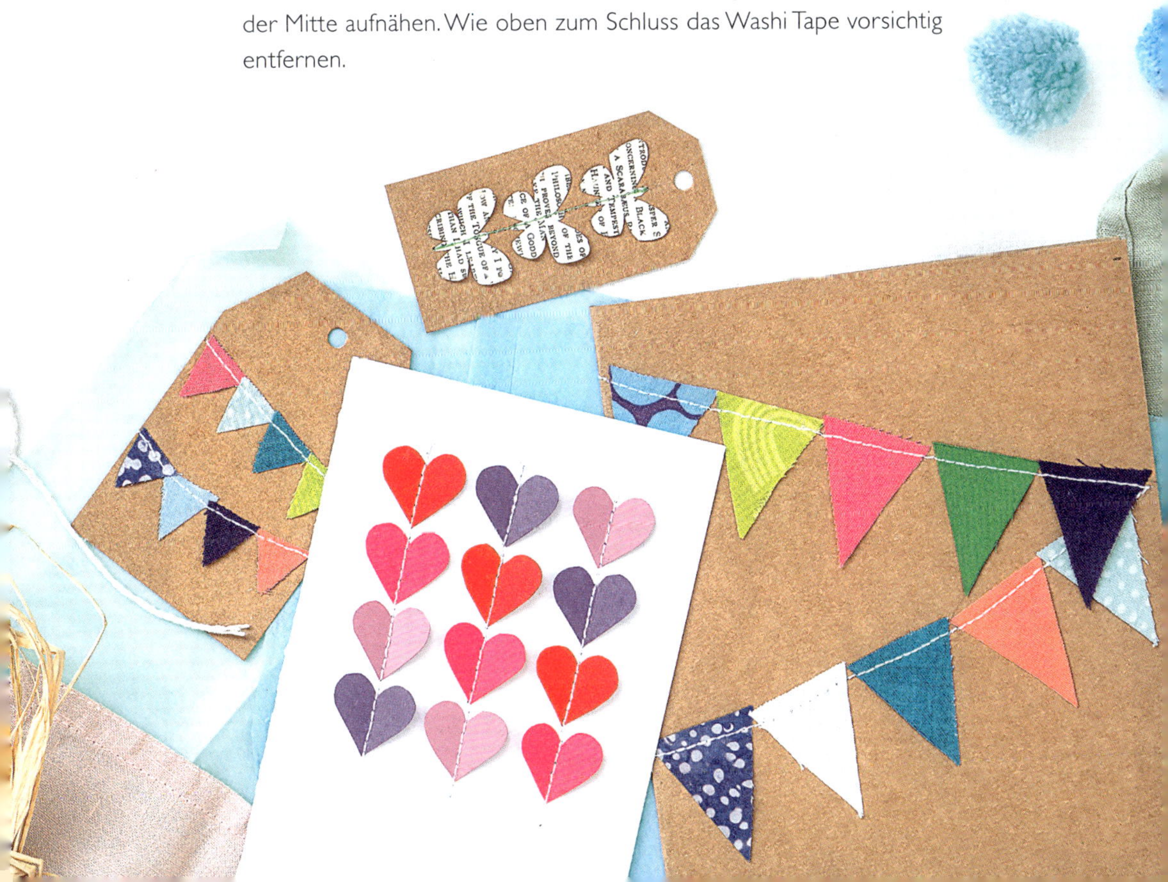

Verpackung mit der Furoshiki-Technik

Überreiche dein Geschenk stilecht in einer traditionellen Furoshiki-Verpackung, nach einer japanischen Verpackungstechnik mit Stoff. Bei dieser schönen, vielseitigen und umweltfreundlichen Methode werden Geschenke in Stoffstücke gewickelt.

SO GEHT'S

Material

Stoffrest, groß genug für das Geschenk

Zickzackschere, falls vorhanden (alternativ Stoffschere)

1. Den Stoff in ein Quadrat schneiden, dabei zuerst überprüfen, ob er groß genug für das Geschenk ist: Er muss von Ecke zu Ecke darum gewickelt werden können. Es ist besser, etwas mehr zu haben und abzuschneiden!
2. Das Geschenk so mittig auf das Quadrat legen, dass die Ecken der Geschenkschachtel zu den Seiten des Stoffquadrats zeigen.
3. Eine Ecke des Stoffs über die Schachtel legen und darunter schieben.
4. Die gegenüberliegende Ecke zu der eben gefalteten über das Geschenk legen. Über der Kante der Schachtel fest nach innen einschlagen.
5. Die beiden anderen Ecken des Stoffs hochnehmen und die Außenkanten etwas einschlagen. Die Enden mittig über dem Geschenk zu einem Knoten binden. Wenn die Stoffenden zu lang sind, einen weiteren Knoten binden.

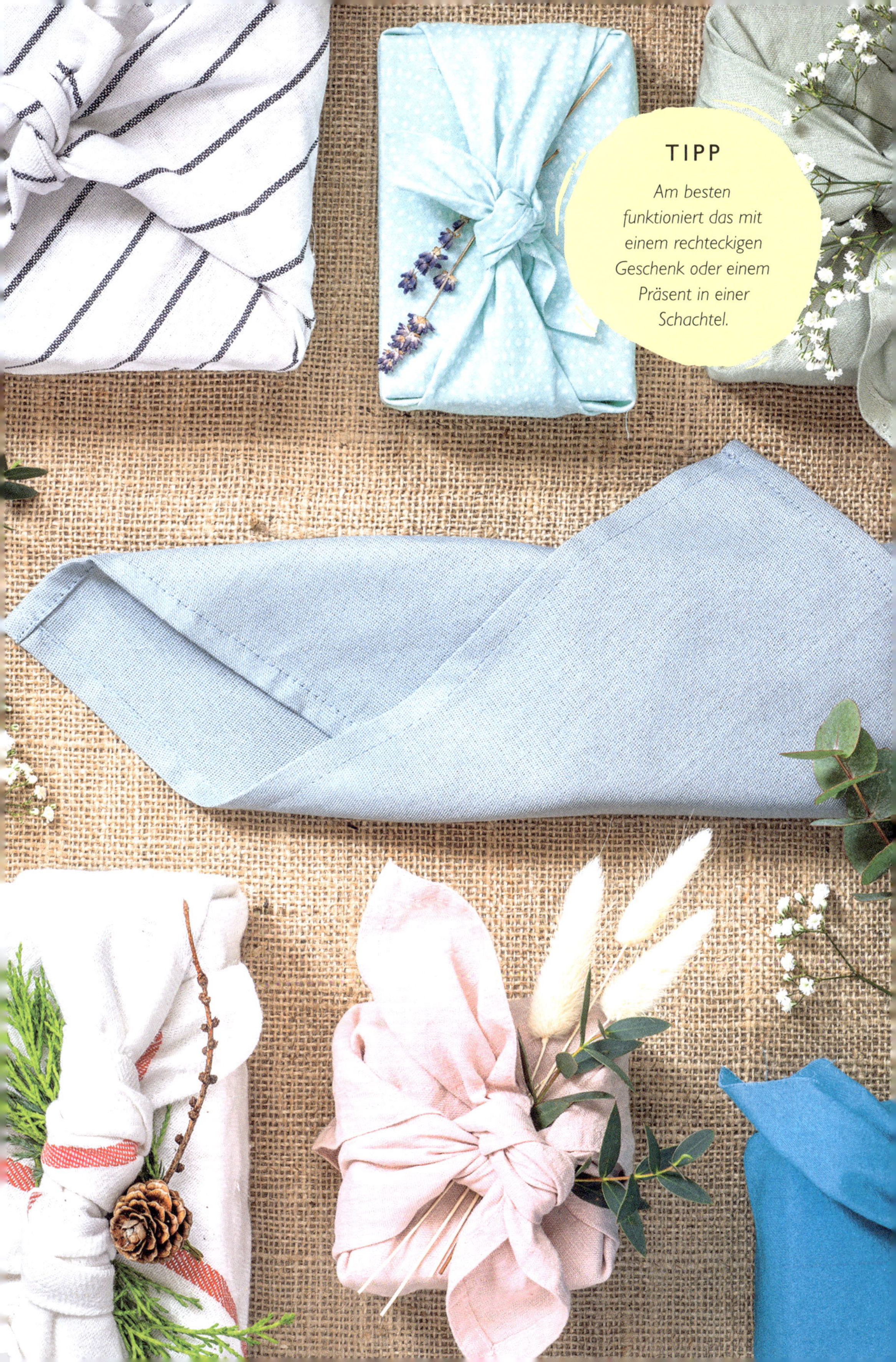

TIPP

Am besten funktioniert das mit einem rechteckigen Geschenk oder einem Präsent in einer Schachtel.

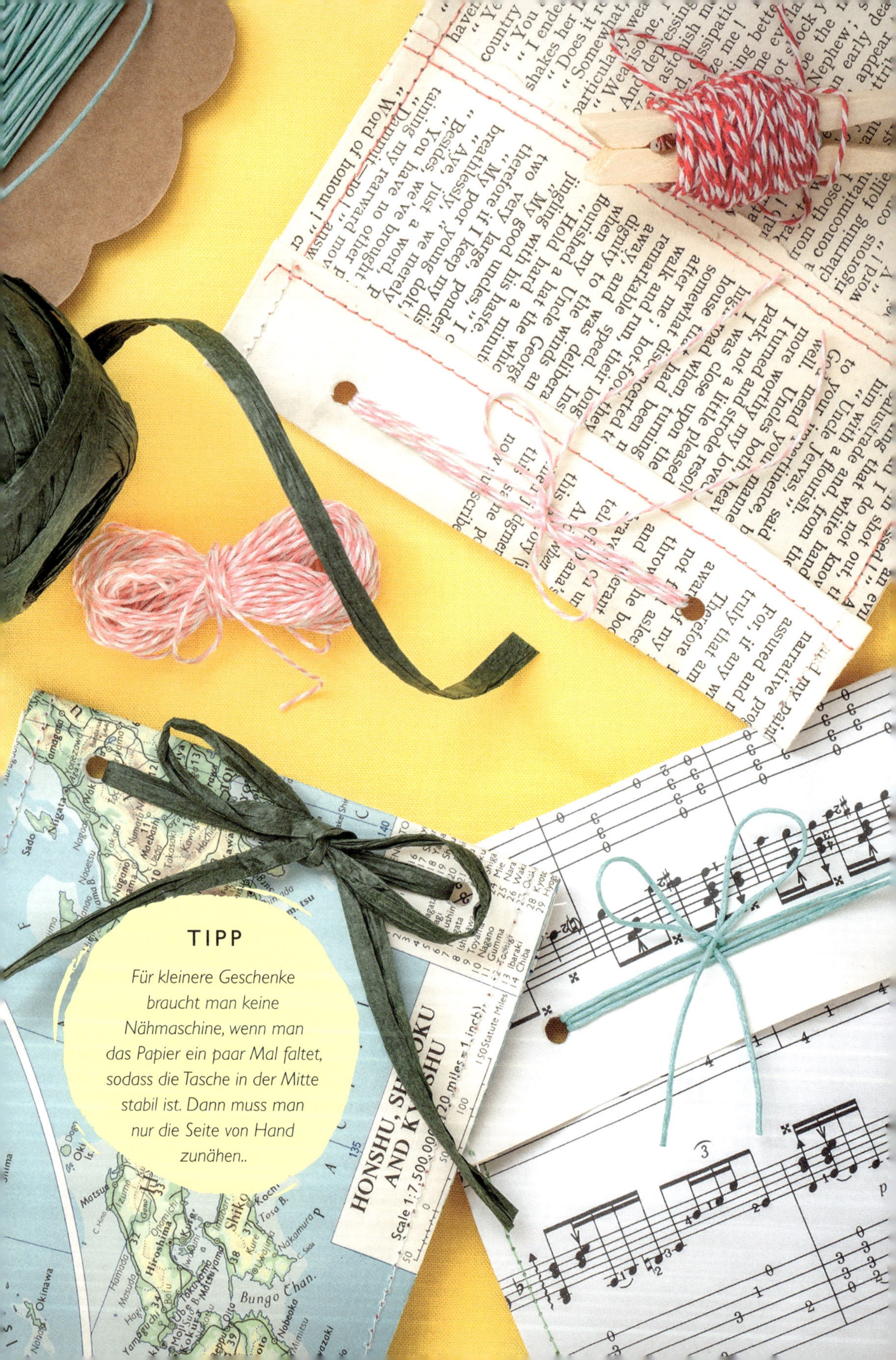

TIPP

Für kleinere Geschenke braucht man keine Nähmaschine, wenn man das Papier ein paar Mal faltet, sodass die Tasche in der Mitte stabil ist. Dann muss man nur die Seite von Hand zunähen..

Geschenktaschen

Das mit Text bedruckte Papier verleiht diesen Geschenktaschen etwas Geheimnisvolles und Abenteuerliches. Sie eignen sich perfekt, um ein Buch darin zu verpacken. Du kannst dafür auch eine ausrangierte Landkarte verwenden und damit alten Reisegefährten das Schmunzeln der Erinnerung ins Gesicht zaubern.

Material

Bogen von Notenpapier, Zeitung, alte Buchseiten, Karten

Nähmaschine mit farbigem Nähgarn

Schnur oder Bändchen

Locher

SO GEHT'S

1. Zwei Stücke Papier zu einem größeren zusammennähen. Diesen Vorgang so oft wiederholen, bis der Bogen für das jeweilige Geschenk groß genug ist. Bei kleineren Geschenken kann dieser Schritt übersprungen werden.
2. Schritt 1 wiederholen, sodass zwei ausreichend große Bögen für das Geschenk vorliegen. Dann die Ränder falten (damit ein sauberer Rand und eine feste Kante entstehen), die beiden Bögen (mit den gefalteten Kanten nach innen) aufeinanderlegen und an drei Seiten zusammennähen. Dabei eine der kürzeren Seiten offen lassen.
3. Das Geschenk in die Geschenktasche legen und die offene Seite zweimal falten.
4. In die gefaltete Kante zwei Löcher stanzen, eine Schnur oder ein Bändchen durchziehen, zu einer Schleife binden und so die Tasche verschließen.

Häschen-Tüten

Diese supersüßen Papiertüten mit Hasenohren sind nicht nur für Ostersüßigkeiten perfekt, sondern für alle möglichen Geschenke an Menschen, die sich über niedliche Dinge freuen.

Material

braune oder weiße Papiertüten

Schnur

Geschenkanhänger aus Papier

Markierstift

SO GEHT'S

1. Die Seiten der Papiertüte nach außen legen und glatt streichen. Augen und Nase des Hasen auf eine Seite der Tüte zeichnen.

2. Für die Ohren in die obere Hälfte der Tüte eine V-Form schneiden. Dabei darauf achten, den Bereich des aufgezeichneten Gesichts unversehrt zu lassen.

3. Süßigkeiten in die Tüte füllen und diese aufrecht hinstellen. Die Ohren ein wenig in Form bringen, oberhalb des Gesichts mit einer Schnur umwickeln und diese festbinden, dabei die Ohren leicht nach außen ziehen. Zugleich den Geschenkanhänger anbringen.

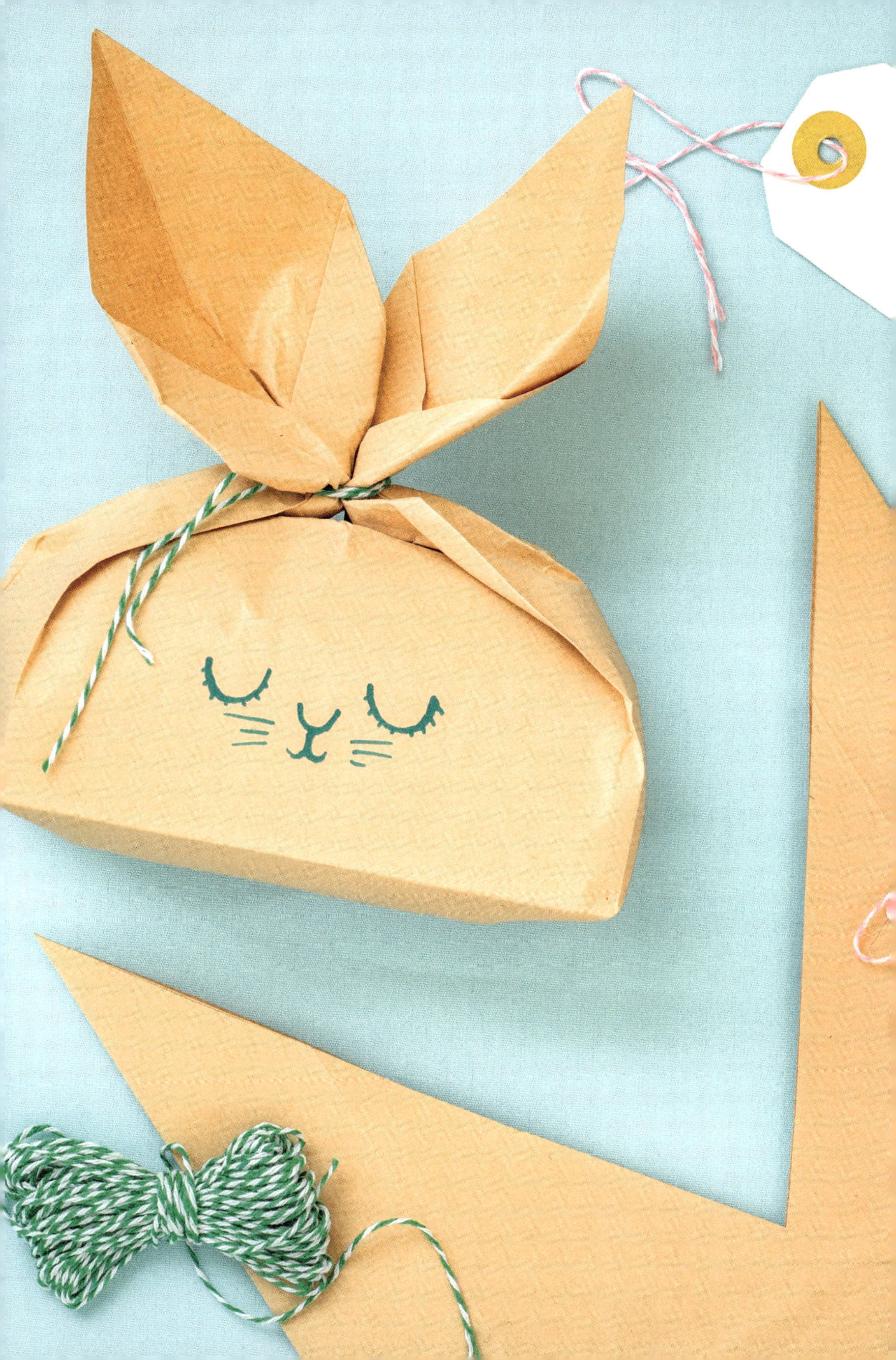

Zusätzliche Dekoration

Es gibt viele Möglichkeiten, wie du deine Geschenkverpackung vor dem Überreichen mit einer Extraportion Lebensfreude aufpeppen kannst, von schrullig bis schlicht-elegant. Welcher Stil entspricht dem Geschmack des Beschenkten? Setze dir ruhig hohe Ziele, aber hab vor allem Spaß beim Ausprobieren der folgenden Ideen.

ZUGEKNÖPFT / Stöbere in deinem Knopfvorrat nach größeren Knöpfen – Holzknöpfe eignen sich hervorragend. Fädele einen auf eine bunte Schnur auf und verknote ihn in der Mitte des Geschenks.

INITIALEN / Auffällige Großbuchstaben sind perfekt, wenn du braunes oder anderes einfarbiges Papier für die Verpackung verwendest. Schneide sie aus bunten Papierresten aus und verleihe deinem Päckchen so einen unverwechselbaren Look.

ANHÄNGER AUS TON / Lufttrocknender Ton eignet sich wunderbar für besondere Anhänger, denn du kannst darauf Namen oder Initialen in beliebiger Form prägen. Sie bilden ein perfektes Finish für Stoffverpackungen, wenn du sie noch mit einem oder zwei Zweigen deiner Lieblingspflanze schmückst.

POMPONS / Pompons sind eine lustige und verspielte Möglichkeit, Woll- oder Garnreste aufzubrauchen. Experimentiere mit Größe und Farben oder dekoriere ein Päckchen mit zwei oder drei unterschiedlichen Pompons. Wenn du nicht weißt, wie man sie herstellt, findest du auf YouTube eine Fülle von Anleitungen!

EXTRAFACH / Schneide aus Papierresten zwei gleich große Stücke zu. Wickele mit einem das Geschenk wie gewohnt ein, aber lasse beide Seiten offen. Sichere die Mitte mit Washi Tape. Falte dann das andere Papier einmal in der Mitte und lege das gefaltete Ende über ein Drittel des Geschenks. Schlage die Enden des ersten Papiers ein und fixiere sie mit Tape. Stecke dann Zettel, Karten und einen grünen Zweig oder für mehr Farbe auch zwei hinein.

BUNTE STREIFEN / Washi Tape ist ein traditionelles japanisches Klebeband aus Papier. Es ist biologisch abbaubar und in allen möglichen Mustern, Farben und Varianten erhältlich – du hast die Qual der Wahl! Aufeinander abgestimmte Streifen auf einfarbigem Hintergrund bilden einen tollen Look, aber für besondere Gelegenheiten kannst du sie auch in Form schneiden. Damit lassen sich auch prima Geschenkanhänger dekorieren.

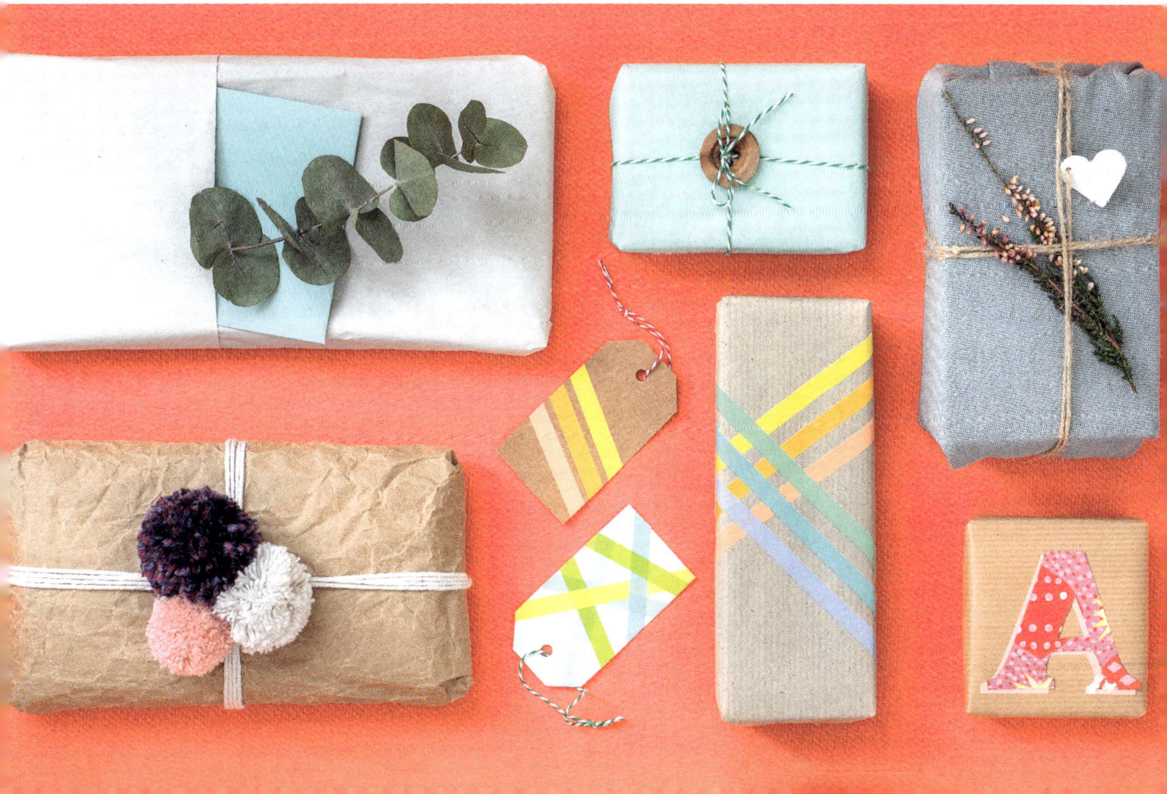

Fotohalter aus Schnüren

Seifenspender aus Glas

Shibori-Kissenbezug

Umwickelte Vase

Wachstuch für Lebensmittel

Nachhaltiges Zuhause

Eine Wohnung wird zum Zuhause, indem man sie mit Dingen anreichert, die man liebt. Also beglücke doch zum Einzug deine Freunde mit schönen praktischen und umweltfreundlichen Geschenken, wie z. B. einer Glasflasche für Handseife. Sie ist nicht nur nützlich, sondern auch ein Blickfang. Hübsch anzusehen, erinnert sie bei jedem Händewaschen an die Umwelt. Einem Verwandten zur Aufmunterung einen Strauß Blumen aus dem eigenen Garten zu schenken, ist süß, aber warum nicht die Stängel zusätzlich in eine umwickelte Vase stellen? Dann denkt der Beschenkte jedes Mal an dich, wenn er einen neuen Strauß hineinstellt. In unserem Alltag können wir viel verändern, um die Umwelt zu schützen. Auch im Haushalt, vor allem wenn es um die Lagerung von Lebensmitteln geht. Verpackungen aus Sojawachs sind eine wiederverwendbare Lösung, um Essen frisch zu halten. Fertige also einen ganzen Stapel in allen möglichen Formen und Größen an und zeige deinen Freunden damit eine großartige Öko-Alternative zu Plastikverpackungen für Lebensmittel auf.

Fotohalter aus Schnüren

Dies ist eine so simple wie witzige Weise, Fotos oder Notizen aufzuhängen, ohne sie mit einer Nadel durchstechen oder mit einem Magneten abdecken zu müssen. Hier könnte man auch die Erinnerungen an einen fantastischen Urlaub anordnen oder für ein besonderes Geburtstagsgeschenk die gemeinsamen Lieblings-Schnappschüsse.

SO GEHT'S

Material

leerer Bilderrahmen

Farbe und Pinsel, wenn du den Rahmen anmalen möchtest (am besten vorhandene Farbe, wie weiße Grundierung, verwenden)

kleine Wäscheklammern aus Holz (beliebig viele, je nachdem, wie viele Fotos aufgehängt werden sollen)

bunte Baumwollschnur in zwei unterschiedlichen Farben (genug, um den Rahmen damit mehrmals kreuz und quer zu bespannen)

kleine Nägel und Hammer

1. Wenn die bunte Schnur, an der die Fotos befestigt werden, farblich hervortreten soll, den alten Bilderrahmen am besten ein oder zwei Mal mit weißer Farbe anmalen.
2. Wenn die Farbe getrocknet ist, auf der Rückseite in ungleichmäßigen Abständen kleine Nägel einschlagen, damit das Muster, das durch die Schnüre entsteht, interessanter wirkt.
3. Eine lange Schnur im Zickzackmuster auf der Rückseite verspannen. Dabei die Schnur um jeden Nagel wickeln und festziehen. Zum Schluss die Schnur am letzten Nagel verknoten.
4. Dasselbe mit der anderen Schnur wiederholen, bis eine schöne Mischung beider Farben im Rahmen entsteht.
5. Jetzt einfach mit kleinen Wäscheklammern aus Holz ein paar schöne Fotos oder Zeichnungen im Rahmen befestigen oder diese zwischen die Schnüre schieben.

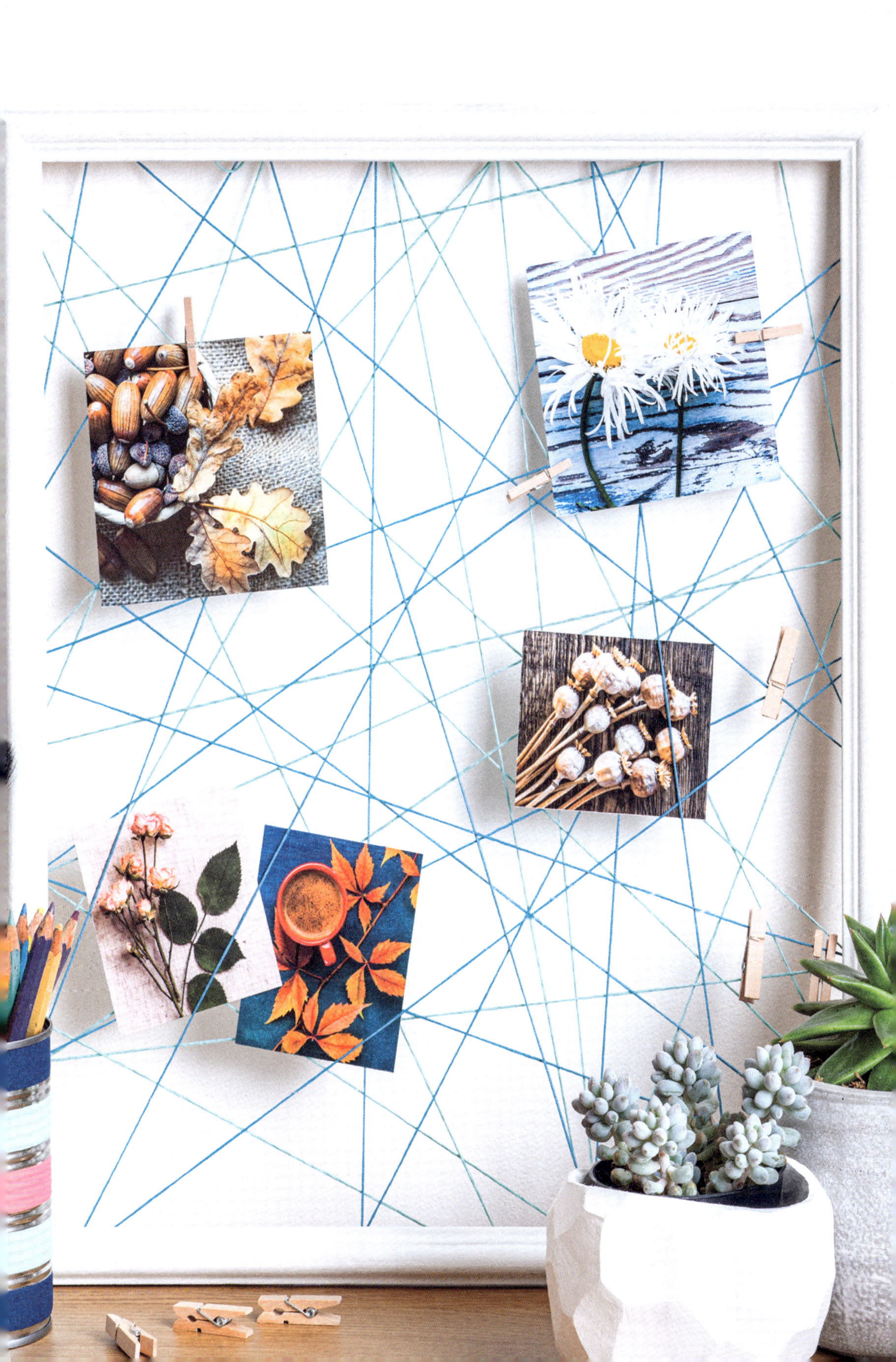

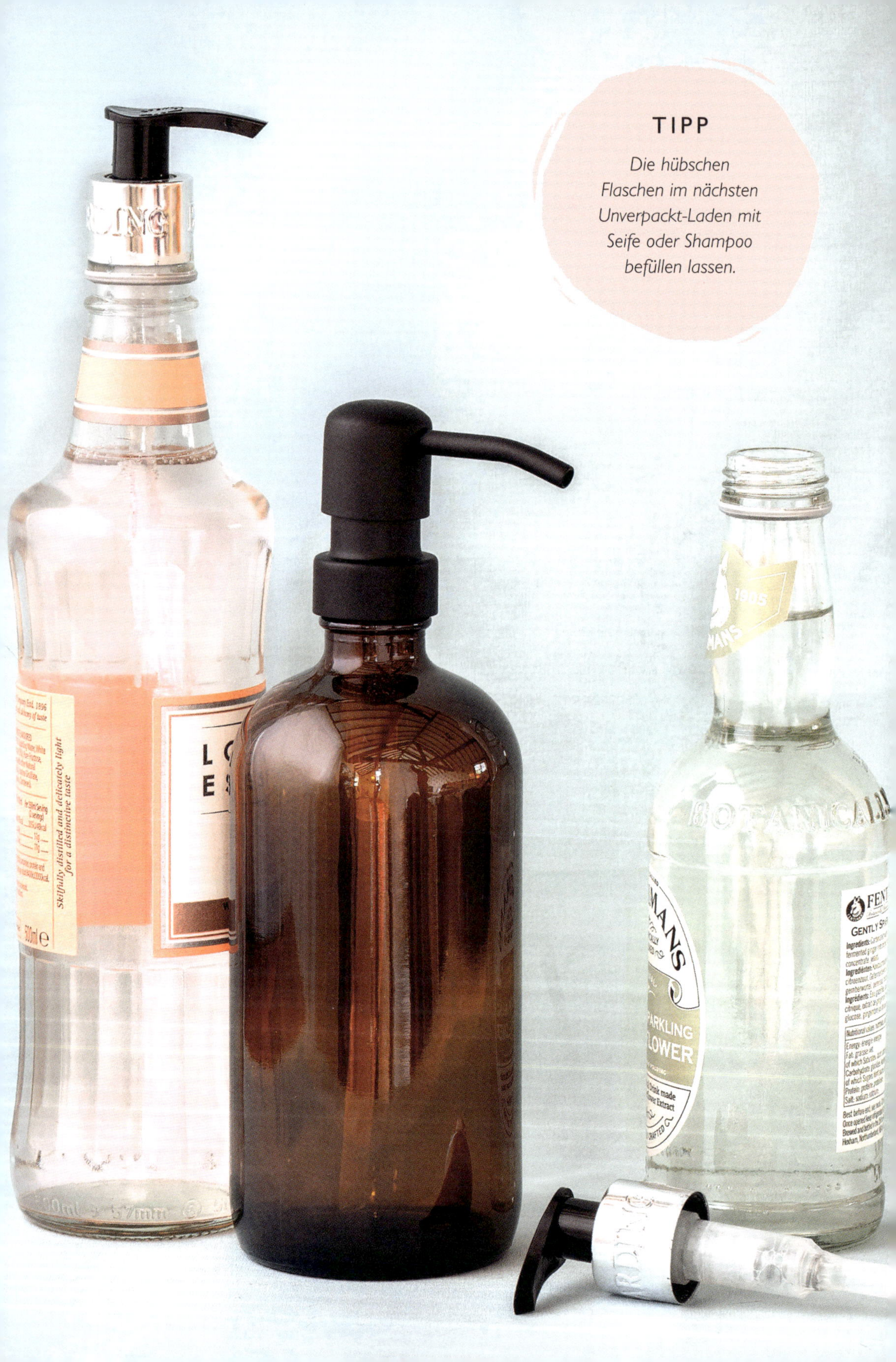

TIPP

Die hübschen Flaschen im nächsten Unverpackt-Laden mit Seife oder Shampoo befüllen lassen.

Seifenspender aus Glas

Hübsche Flaschen für Getränke sind oft zu schön, um weggeworfen zu werden. Stattdessen könnte man sie in Spender für Handseife oder Shampoo verwandeln und sie auf einem Regal in Küche, Bad oder Gäste-WC präsentieren.

SO GEHT'S

Material

leere Glasflasche mit Schraubgewinde

Abdecklack auf Wasserbasis (optional)

Pinsel (optional)

Pumpspender/ Dosierpumpe von einer aufgebrauchten Flasche

1. Einen passenden Spender für die Wunschflasche auswählen. Die meisten haben eine Standardgröße, es gibt sie in verschiedenen Formen. Je nach Höhe der Flasche eventuell das innenliegende Röhrchen etwas kürzen.

2. Mit einem Pinsel einen wasserbasierten Abdecklack auf die leere Flasche auftragen und so die Schilder übermalen – oder die Schilder ablösen und diesen Schritt überspringen. Die Flaschen werden später immer nass und mit Seife beschmiert, daher muss der Lack gut abdecken (etwa vier Schichten auftragen), auch die Kanten der Schilder.

3. Die Flasche mit der ausgewählten Flüssigkeit befüllen, und schon kann sie benutzt werden. Sie wird nicht nur ein Gesprächsthema sein, sondern auch ein originelles und umweltfreundliches Einweihungsgeschenk.

Shibori-Kissenbezug

Dies ist eine einfache Methode, um ein altes, weißes Stoffstück aufzupeppen und damit deinem Wohnzimmer einen schönen Akzent zu verleihen. Shibori – das bedeutet „auswringen" – ist eine japanische Färbetechnik, bei der man den Stoff verschnürt. Wir empfehlen als Farbe Gelbwurz, mit dem man ein wunderschönes, sonniges Muster fürs Kopfkissen erzeugt. Da wacht man garantiert mit einem Lächeln auf! Man sollte nur darauf achten, das Kissen nicht dem direkten Sonnenlicht auszusetzen, damit es nicht ausbleicht.

Material

ein altes rechteckiges Kissen (oder ein Inlett), das etwas Zuwendung benötigt

Bio-Baumwollstoff (Menge siehe Schritt 1)

1 EL Kurkuma-Pulver

Wasser

großer Edelstahltopf

Gummibänder

Bügeleisen

Nähmaschine

Stecknadeln

SO GEHT'S

1. Das Kissen ausmessen. Die Höhe des Stoffs und des Kissens müssen identisch sein, die Breite muss der Breite des Kissens multipliziert mit 2,25 entsprechen (für den Verschluss).
2. Den Stoff längs in Ziehharmonikafalten legen und fest mit Gummibändern umwickeln.
3. Für das Farbbad 1 EL Kurkuma-Pulver in 1 Liter Wasser in einem Topf auflösen. So erhält man ein leuchtendes Sonnengelb.
4. Das Wasser erhitzen, bis es simmert, dann den Stoff dazugeben, sodass er vollständig bedeckt ist.

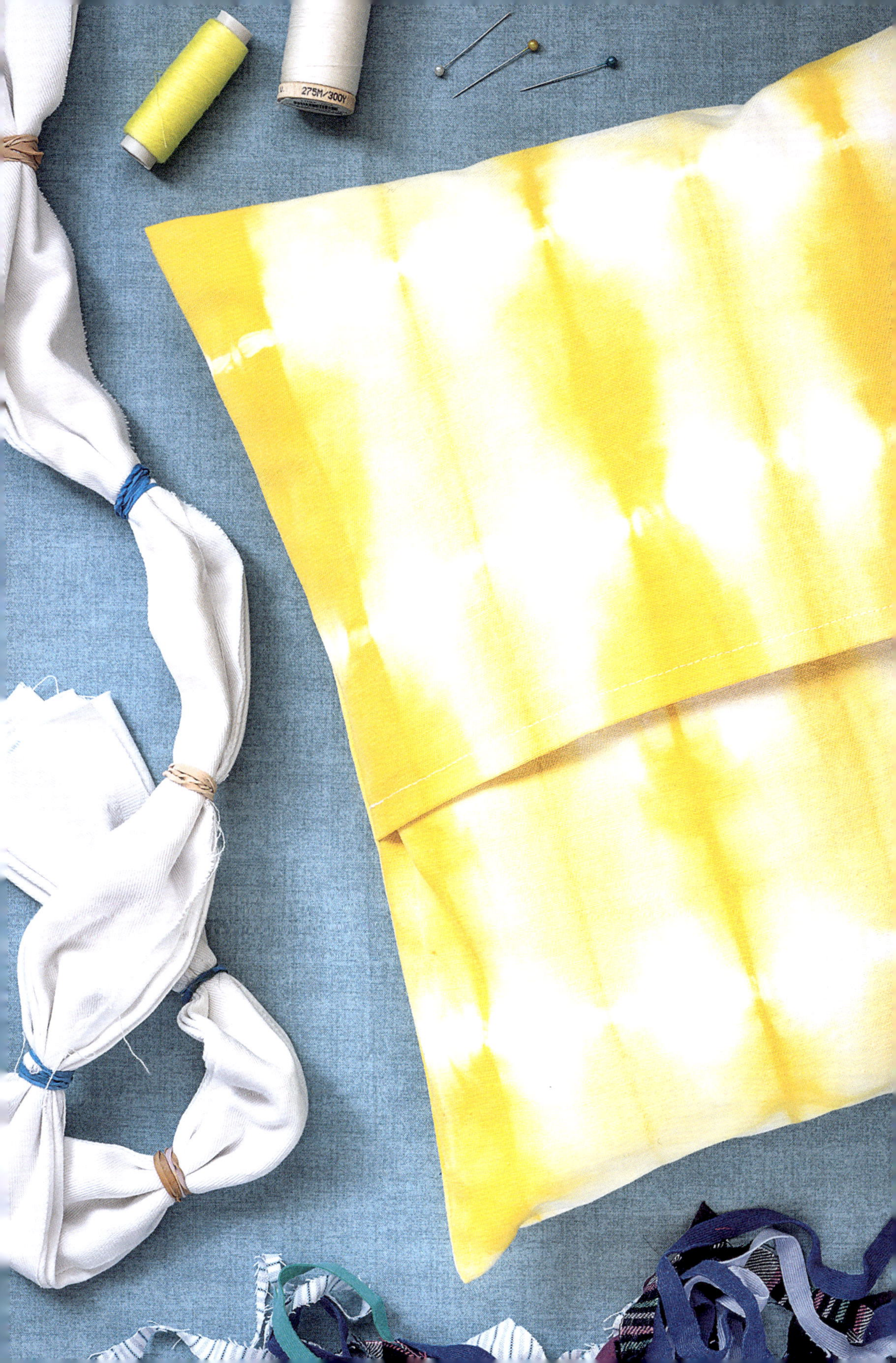
275M/300Y

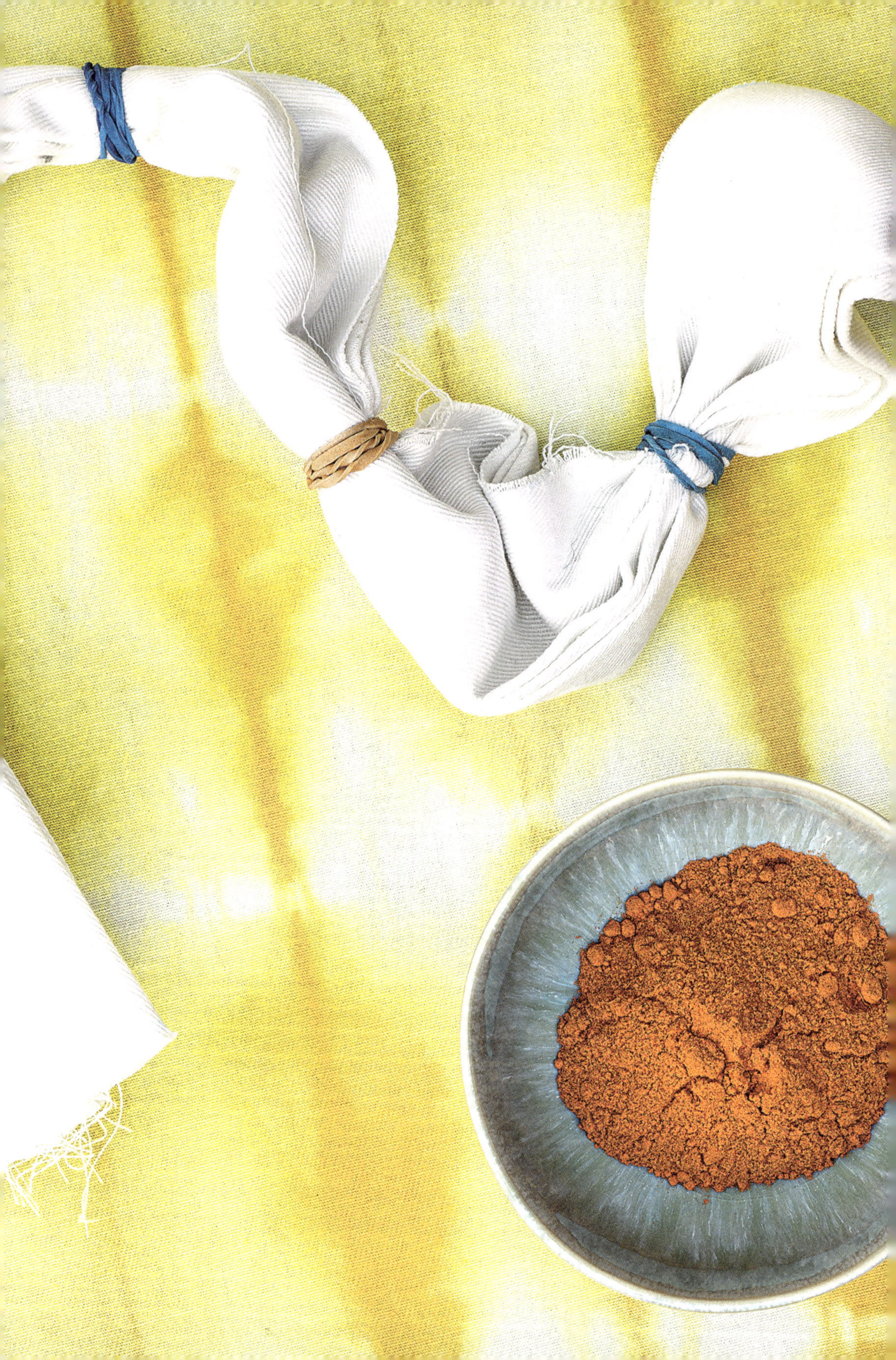

TIPP

Die Natur stellt uns eine Fülle von Farben zur Verfügung! Für ein Dunkelrosa kannst du auch Avocadoschalen oder für Grautöne Eicheln aufkochen.

5. Den Stoff 40 Minuten bei niedrigster Temperaturstufe einweichen. Dann aus dem Farbbad nehmen und überschüssiges Wasser ausdrücken. Die Gummibänder abnehmen, den Stoff mit klarem Wasser auswaschen und ausgebreitet trocknen lassen.

6. Für die Säume an den beiden kurzen Kanten diese jeweils 0,5 cm einschlagen und bügeln, dann nochmals 1 cm einschlagen, bügeln und knappkantig festnähen.

7. Den Stoff mit den kurzen Seiten nach außen und der dekorativeren Stoffseite nach oben hinlegen und die Seiten zur Mitte falten, sodass sie sich überlappen und die Breite um 2,5 cm kürzer als die Höhe ist. Jetzt sollte es fast quadratisch und leicht höher als breit sein. Die rechte Seite sollte innen liegen (d. h. der fast fertige Kissenbezug liegt auf links gewendet vor dir).

8. Feststecken und die obere und untere offene Kante zusammennähen. Eine Wendeöffnung ist nicht nötig, weil hier ein Hotelverschluss entsteht. Die Nahtzugaben an den Ecken zurückschneiden, den Bezug wenden und das alte Kissen oder Inlett hineinlegen.

Umwickelte Vase

Die Vielseitigkeit dieser umwickelten Behälter macht sie zu idealen Geschenken, als Vasen, Schmuckschalen oder andere zylindrische Gefäße. Eine Vase, die mit heller, mit farbigen Fäden durchzogener Kordel geschmückt ist, bietet sich klassischerweise an, frische Blumen aus dem Garten stilvoll zu präsentieren.

Material

ein altes Vorratsglas – es gibt die Größe der Vase vor

Baumwollkordel, etwa 4 mm dick – für eine mittelgroße Vase etwa 6 m lang

Stickgarn oder Wolle in beliebiger Farbe – aus den eigenen Vorräten, die hiermit prima aufgebraucht werden können (für eine 15 cm hohe Vase haben wir 6 Stränge Stickgarn mit jeweils etwa 6–8 m verwendet)

große Stopfnadel

SO GEHT'S

1. Einen Faden Stickgarn in die Nadel fädeln und einen Knoten in das Ende machen. Der Faden sollte so lang sein, dass man noch gut damit arbeiten kann.
2. Das Ende der Baumwollkordel fest spiralförmig aufdrehen, die Mitte sollte sehr dicht sein. Am Anfang muss es nur eine kleine Spirale sein (etwa zwei oder drei Umdrehungen).
3. Die Nadel durch die Spirale führen und auf der anderen Seite herausziehen, dann im rechten Winkel dazu wieder durchstechen (siehe übernächste Seite Foto a).
4. Jetzt ist die Mitte fixiert. Die Nadel über zwei Kordelringe führen und zwischen den beiden ausstechen, dann um den äußeren Ring legen (siehe übernächste Seite Foto b).

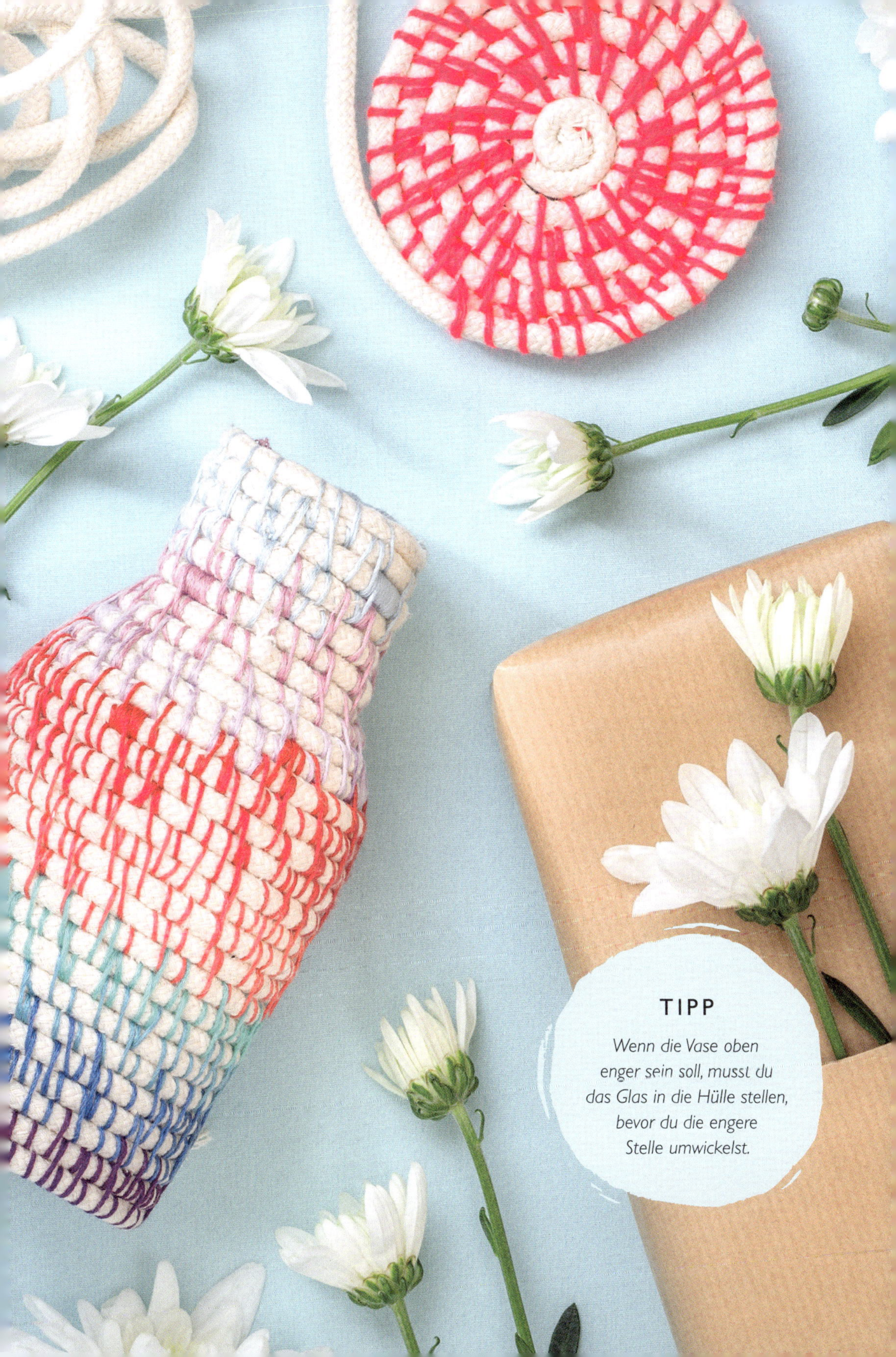

TIPP

Wenn die Vase oben enger sein soll, musst du das Glas in die Hülle stellen, bevor du die engere Stelle umwickelst.

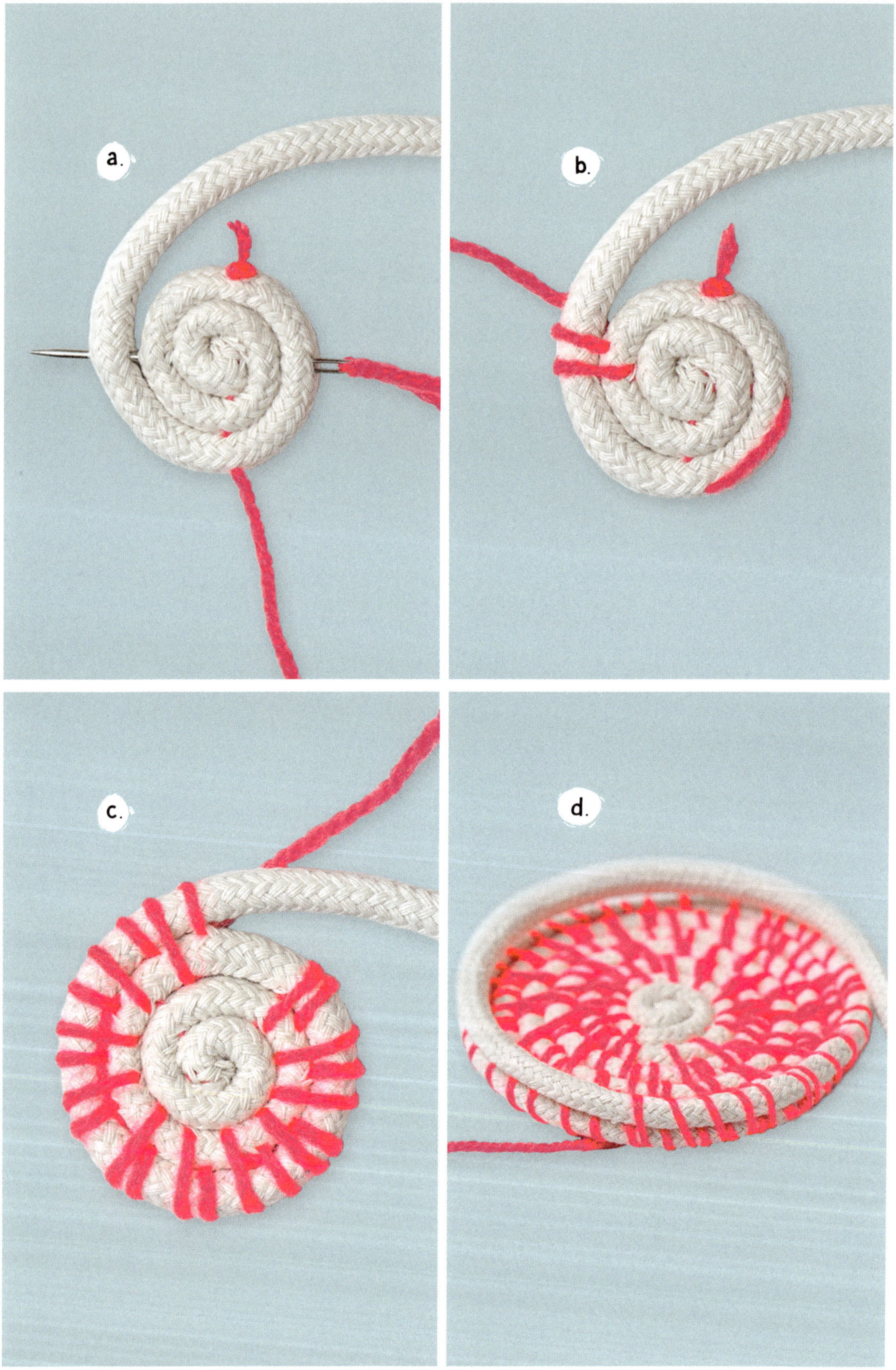
a.
b.
c.
d.

5. Der nächste Stich muss nur einen Ring anbinden, daher jetzt, anstatt die Nadel nach innen zwischen zwei Ringe zu führen, diese nun außen in den zweiten Ring stechen und durchziehen. So wird die Vase stabiler (siehe Foto b).

6. So weiter fortfahren, die Kordel zu einer Spirale legen und mit Stickgarn darum arbeiten. Dabei abwechselnd einen Stich über eine Kordel (die nebenliegende fixierend) und den nächsten über zwei Kordeln arbeiten (siehe Foto c).

7. Wenn die Unterseite groß genug ist, um dein Glas daraufzustellen, die Seiten anfertigen. Dafür in der ersten Reihe stets um beide Kordelstränge arbeiten – die der Unterseite und der ersten Schicht für die Seite (siehe Foto d).

8. Nach der ersten Runde wieder mit beiden Stichen abwechseln. Dabei darauf achten, dass jeder zweite Stich durch die untere Kordel geführt wird.

9. Wenn die Hülle so hoch wie das Glas ist, den Anfangspunkt der Hüllenseite bestimmen. Die Hülle sollte oben genau darüber beendet werden.

10. Die Kordel leicht schräg abschneiden und die Stiche weiter ausführen, bis das Ende gesichert ist. Das Fadenende verknoten und zwischen zwei Kordelsträngen verwahren. Das Glas hineinstellen und mit Blumen füllen!

Wachstuch für Lebensmittel

Sojawachstücher sind ganz nachhaltig und natürlich. So sind sie ideal, um Lebensmittel abzudecken und zu schützen – eine bestechende Alternative zu Kunststoff. Aus deinem Lieblingsmaterial sind sie schnell gemacht und sofort einsatzbereit.

SO GEHT'S

Material

Bio-Baumwollstoff, 30 cm x 20 cm

Sojawachspastillen, 10–15 g je Tuch

Backpapier

Backblech

alter Pinsel

Zickzackschere (optional)

1. Soll das Wachstuch zum Abdecken von Speiseresten verwendet werden, die Schalen oder Teller, die abgedeckt werden sollen, auf den Stoff legen und mit 2–3 cm Zugabe um diese Vorlage zeichnen, sodass der Stoff um die Kanten des Geschirrs gelegt werden kann. Alternativ vielseitig verwendbare rechteckige Tücher anfertigen.
2. Falls vorhanden, mit der Zickzackschere die Form ausschneiden. Man kann auch eine normale Schere benutzen, aber die Zickzackschere verhindert, dass der Stoff ausfranst.
3. Den Backofen auf 90 °C vorheizen und ein Backblech mit Backpapier belegen. Den Stoff darauf ausbreiten und mit Wachspastillen bestreuen, sodass er gleichmäßig und dünn damit bedeckt ist. Später kann immer noch weiteres Wachs hinzugefügt werden.

4. Das Blech für ein paar Minuten in den Ofen schieben und beobachten, wie das Wachs schmilzt.
Wenn es geschmolzen ist, das Blech herausnehmen.

5. Mit dem alten Pinsel das flüssige Wachs gleichmäßig auf dem Stoff verstreichen. Wenn manche Stellen nur dünn mit Wachs bedeckt sind, weitere Wachspastillen darauflegen und das Blech noch einmal in den Ofen schieben.

6. Das Sojawachstuch zum Trocknen aufhängen. Wenn das Wachs fest ist, kann das Tuch benutzt werden.
Zum Reinigen mit kaltem oder lauwarmem Wasser und flüssiger, umweltfreundlicher Seife abwaschen – kein heißes Wasser verwenden.

TIPP

Die Wärme deiner Hände macht das Wachstuch formbar – die Ränder um das Gefäß legen und andrücken, damit es fest schließt.

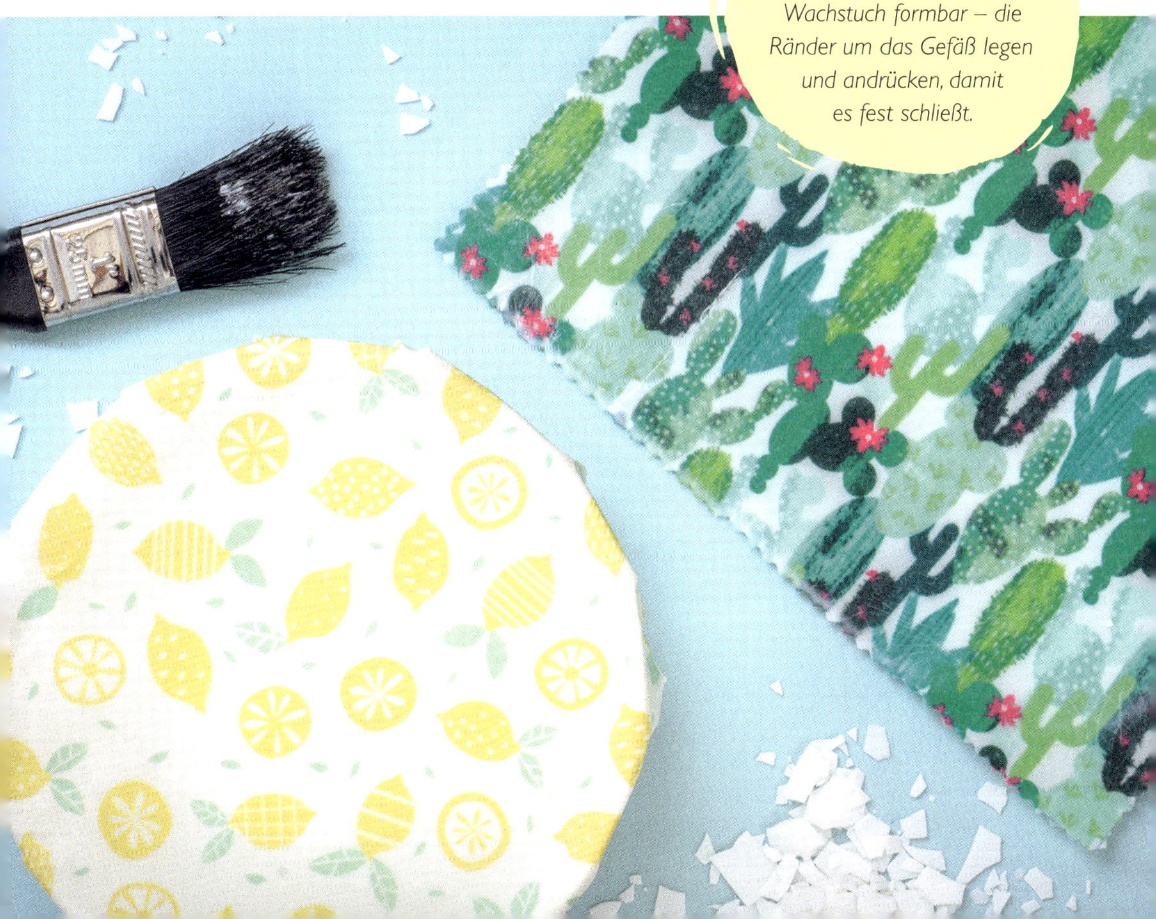

Avocadopflanze im beklebten Topf

Ingwerpflanze im Topf

Hübsche Tontöpfe

Hängende Mini-Sukkulenten

Bild aus gepressten Blüten

Terrarium im Glas

Pflanzen-Power

Hol dir die Wildnis ins Haus und lass dich von selbst angebautem Grünzeug und Produkten von Mutter Natur inspirieren. Ingwer hat eine Menge gesundheitsfördernder Eigenschaften und ist daher ein ideales Pflanzengeschenk für deine gesundheitsbewussten Freunde. Avocado ist auch ein Superfood, sie steht ganz oben auf unserer Liste der begehrten Pflanzen zum Anbauen und Verschenken.
Mit Zimmerpflanzen, etwa mit hängenden Mini-Sukkulenten, holt man sich gleich mehrere Wohlfühl-Faktoren ins Haus. Sukkulenten sind nicht nur ästhetisch ansprechend, sondern erfordern auch nur minimale Pflege und Aufmerksamkeit.
Wir alle wissen, dass die Natur die Seele nährt, und Pflanzen in deinem Zuhause können dazu beitragen, die Luft zu reinigen, indem sie Schadstoffe absorbieren. Es ist auch erwiesen, dass sie die Konzentration steigern und Ängste reduzieren können, was sie perfekt für einen gestressten Menschen macht. Verschenke mit deiner selbst gezogenen Pflanze in einem individuell gestalteten Topf zugleich Glück und Vitalität.
Du hast einen Freund, der es lieber minimalistisch mag? Mit dem witzigen Terrarium im Glas zauberst du einen zarten Hauch Natur in sein Leben.

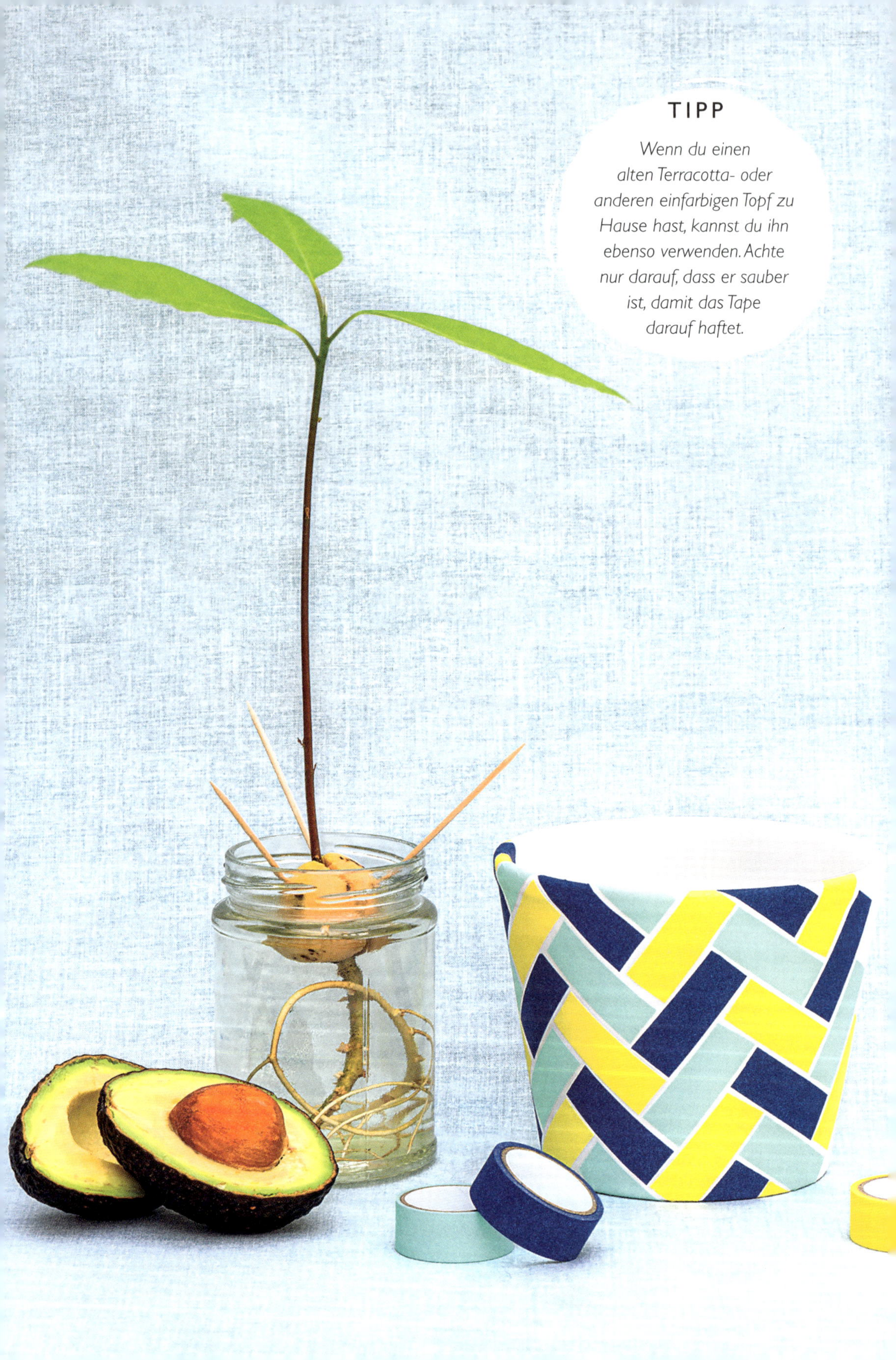

TIPP

Wenn du einen alten Terracotta- oder anderen einfarbigen Topf zu Hause hast, kannst du ihn ebenso verwenden. Achte nur darauf, dass er sauber ist, damit das Tape darauf haftet.

Avocadopflanze im beklebten Topf

Deine eigene Avocadopflanze zu züchten ist eine preisgünstige und umweltfreundliche Art, den Samen dieser nahrhaften und aromatischen Frucht weiterzuverwenden.

SO GEHT'S

Material

Avocadosamen

3 Zahnstocher

kleines Glas (etwa Marmeladenglas)

Pflanzerde

weißer Blumentopf

Washi Tape in beliebigen Farben und Mustern (am besten mindestens zwei Farben)

wasserfester Lack

Pflanze:

1. Zwar gibt es Avocadosamen in unterschiedlichen Formen, aber alle haben eine leicht abgeflachte Unterseite, aus der die Wurzeln herauswachsen werden, und eine Spitze, aus der später der Schössling sprießt.

2. Drei Zahnstocher mit gleichmäßigem Abstand leicht schräg nach oben seitlich in den Samen stecken. Sie müssen sehr fest stecken, weil sie als Gerüst fungieren, das die Unterseite des Samens im Wasser halten soll.

3. Den Samen so in ein kleines Glas legen, dass die Unterseite halb im Wasser liegt. Durch klares Glas kann man beobachten, wie sich Wurzeln bilden und wann das Wasser gewechselt werden muss (etwa alle 5 Tage, damit sich kein Schimmel bildet).

4. Während der folgenden sechs bis acht Wochen öffnet sich der Samen und eine kleine Pfahlwurzel spitzt heraus. Es ist wichtig, dass die Wurzeln immer vollständig im Wasser liegen.

5. Vielleicht wächst oben aus der Spitze des Avocadosamens ein kleiner Spross. Wenn du mutig bist, schneide den Stängel, wenn er etwa 15 cm hoch ist, auf etwa die Hälfte zurück. Dadurch wird die Pflanze buschiger.

6. Den Schössling aus dem Wasser nehmen und in nährstoffreiche Pflanzerde setzen. Dabei soll die Spitze zur Hälfte aus der Erde herausragen.

7. Die Avocadopflanze an einem luftgeschützten, sonnigen Ort aufstellen und regelmäßig gießen.
Sie ist eine hübsche Zimmerpflanze und wer weiß, vielleicht wirst du eines Tages mit einer Frucht belohnt!

Topf:

8. Zuerst ein Muster aus Washi Tape planen, um genau zu wissen, wie das Tape zugeschnitten und auf den Topf geklebt werden soll.

9. Lass deiner Kreativität freien Lauf! Je kleiner die Tape-Stücke sind, desto fummeliger sind sie, aber damit kann man ein abstraktes, mosaikartiges Muster erzeugen.

10. Zum Schutz wird etwas wasserfester Lack benötigt. Davon drei oder vier dünne Schichten auftragen, zwischendurch immer ein paar Stunden trocknen lassen.

11. Nach dem Trocknen Erde hineinfüllen und die Avcadopflanze in ihr schönes neues Zuhause setzen.

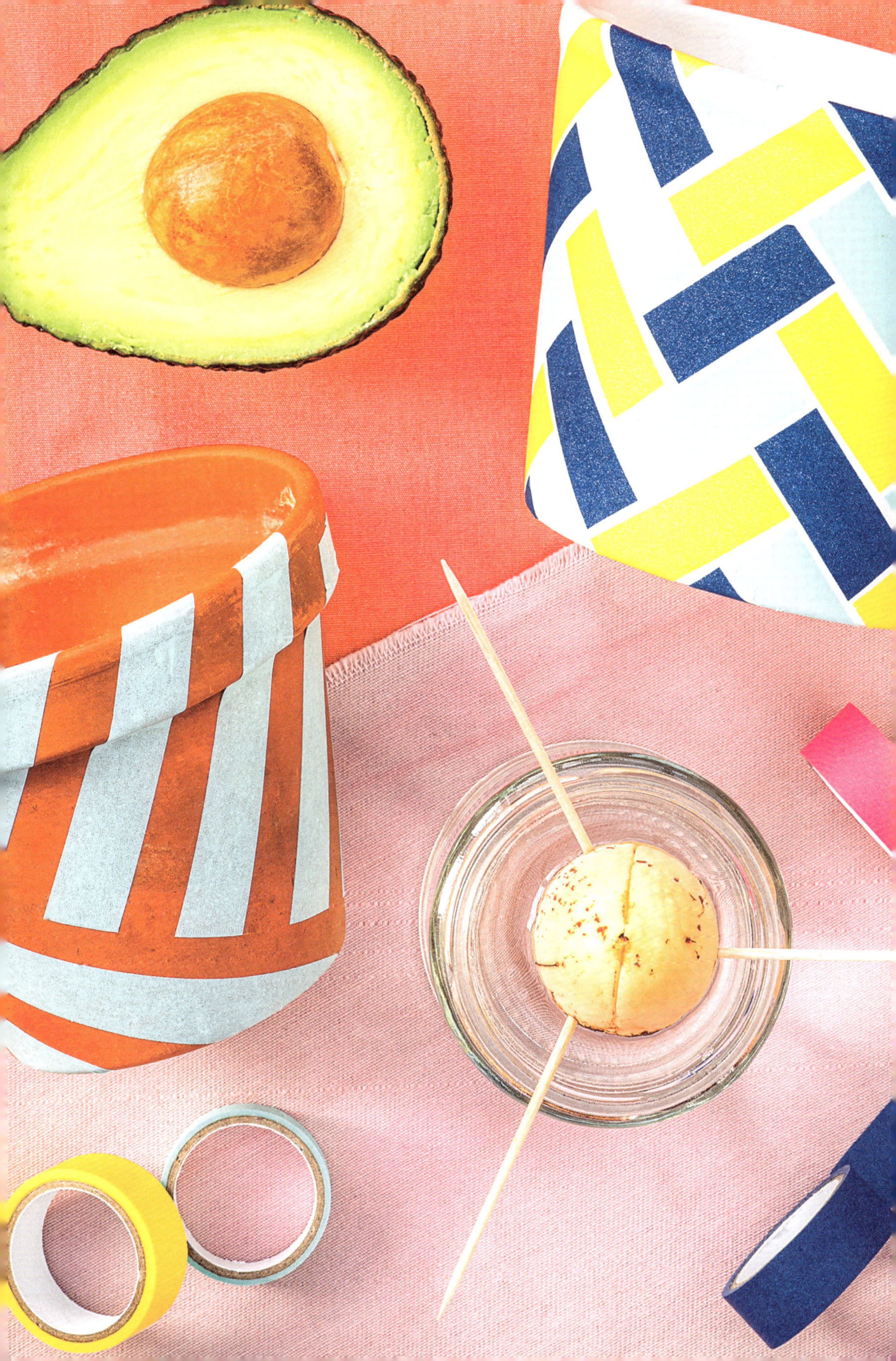

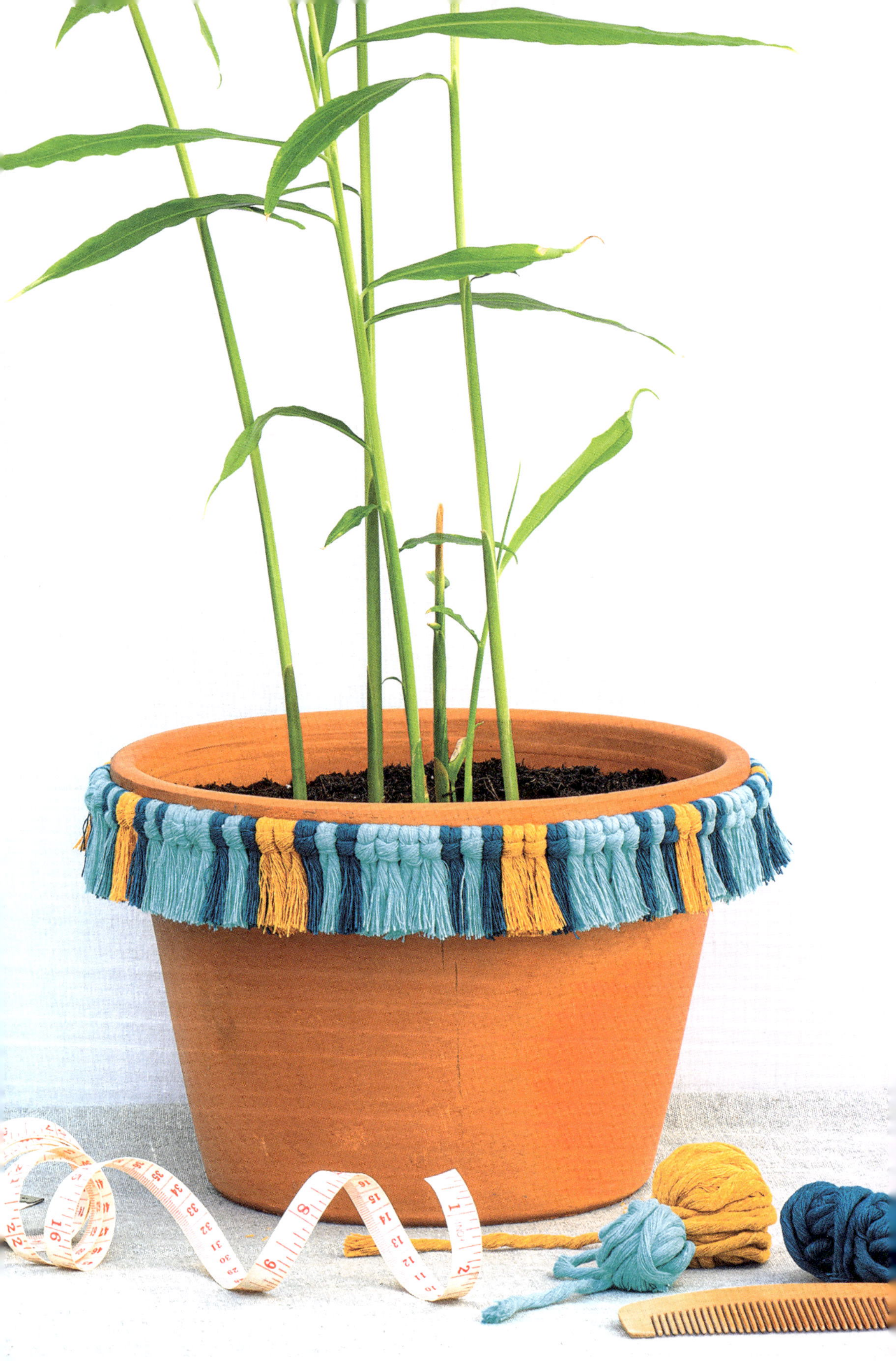

Ingwerpflanze im Topf

Superfood aus Eigenanbau ist eine tolle Sache! Deshalb ist eine eigene Ingwerpflanze ein besonders aufmerksames Geschenk. Verziere den Blumentopf mit bunten Quasten und verleihe ihm so einen ausgefallenen Look.

SO GEHT'S

Material

Bio-Ingwerwurzel

Topferde

Blumentopf mit geradem Rand, mindestens 35 cm Durchmesser

Baumwollschnur, etwa 3 mm dick, in verschiedenen Farben (man braucht etwa 20 x den Umfang des Topfes – oder mehr, wenn die Schnur dünner ist)

Kamm

Pflanze:

1. Wenn du noch keine Ingwerwurzel hast, kaufe eine daumengroße im örtlichen Bioladen. Idealerweise bildet sie bereits blasse, spitze Wachstumsknospen oder Augen. Ingwerwurzeln aus dem Supermarkt sollten über Nacht in Wasser eingeweicht werden, da sie oft mit Chemikalien behandelt wurden, die das Wachstum hemmen.

2. Sobald dein Ingwer ein paar Wachstumsknospen hat (wenn das Einweichen in Wasser nicht zum Erfolg führt, den Ingwer ein paar Tage auf die Fensterbank legen, bis eine Knospe an der Oberfläche zu sehen ist), den Blumentopf mit guter Topferde füllen. Den Ingwer mit den Wachstumsaugen nach oben hineinlegen und mit 2–3 cm Erde bedecken.

3. Ingwer wächst im Halbschatten, daher den Topf möglichst an einen Ort mit Morgensonne stellen und die Erde feucht, aber nicht zu nass halten. Um ein Überwässern zu vermeiden, die Erde am besten mit Wasser besprühen.

Topf:

4. Den oberen Topfrand eineinhalb Mal mit Schnur in beliebiger Farbe umwickeln, die Schnur abschneiden und auf die Arbeitsfläche legen. Kürzere Stücke von der Schnur abschneiden, sie sollten etwas länger als die doppelte Länge der gewünschten Franse sein (wir haben für diesen Topf etwas mehr als hundert 13 cm lange Stücke verwendet). Diese Stücke neben das lange legen.

5. An der langen Schnur die Fransen befestigen, aber 5 cm von einem Ende frei lassen. Für die Fransen die kürzeren Schnüre zur Hälfte falten, die Schlaufe unter die lange Schnur legen und die beiden losen Enden darüber und durch die Schlaufe führen, so dass ein „Ankerknoten" entsteht.

6. Das Muster für die Fransen festlegen und wie oben beschrieben weitere Fransen hinzufügen, bis nahezu der ganze Umfang des Topfes bedeckt ist.

7. Wenn genug Fransen befestigt sind, aufhören und die letzten noch nicht hinzufügen. Die Schnur um die Oberkante des Topfes legen und die Enden fest zusammenknoten, sodass die Schnur gut hält. Dann die Schnur noch einmal abnehmen und die letzten Fransen hinzufügen und dabei den Knoten bedecken.

8. Die Baumwollschnüre mit einem Kamm trennen, um die Fransen zu formen. Mit einer Schere auf dieselbe Länge schneiden und die Fransenkette wieder über den Topf schieben.

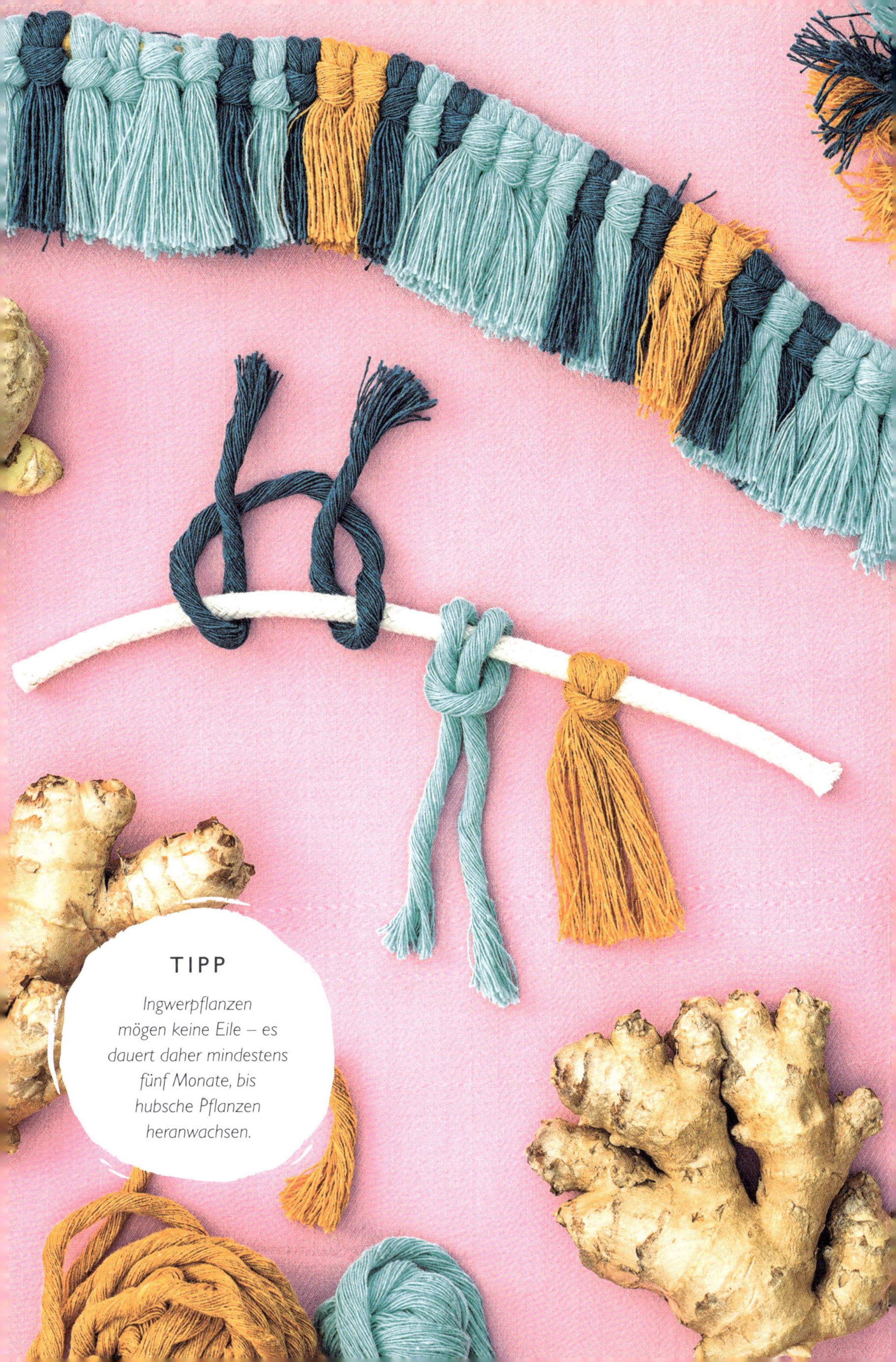

TIPP

Ingwerpflanzen mögen keine Eile – es dauert daher mindestens fünf Monate, bis hubsche Pflanzen heranwachsen.

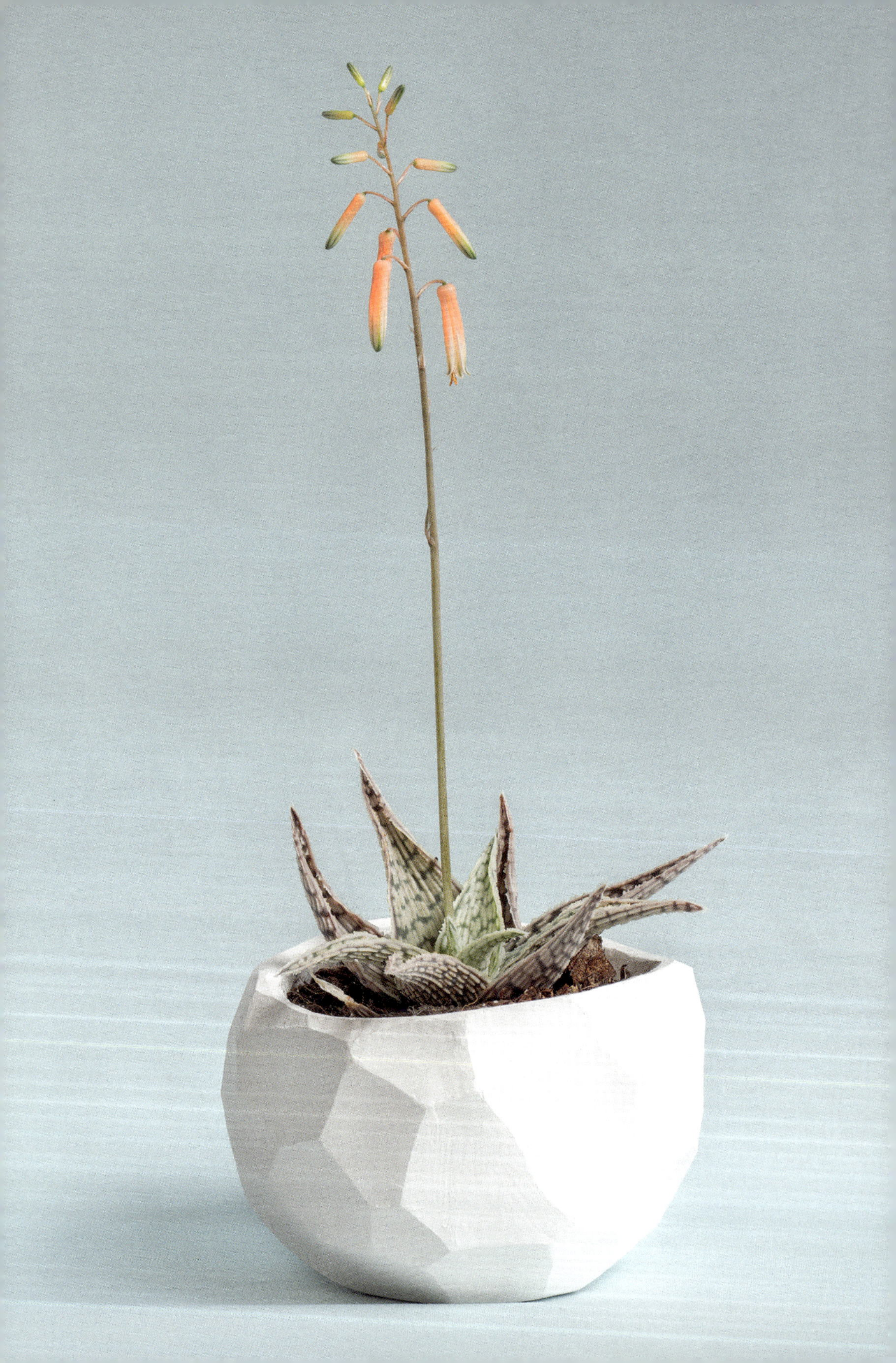

Hübsche Tontöpfe

Diese raffinierten Tontöpfe sind nicht nur leicht herzustellen, sondern dazu noch ein einzigartiges und individuelles umweltfreundliches Geschenk. Das geometrische Design kannst du an die Größe und den Zweck deines Topfes anpassen. Er lässt sich auch als praktischer Bleistifthalter, schlichter Übertopf für hübsche Zweige oder Behälter für Schokoladenbonbons als Geschenk für einen Freund mit Vorliebe für Süßigkeiten verwenden.

SO GEHT'S

Material

lufttrocknender Ton

scharfes Messer

Schneidebrett

wasserfester Lack (falls als Blumentopf verwendet)

1. Die Größe des Topfes festlegen und einen Strang Ton, der etwas größer als das Endprodukt ist, etwa fünf Minuten lang ausrollen. Denn je mehr der Ton bearbeitet wird, desto mehr Luftblasen entweichen. Den Ton zu einer Kugel formen.

2. Die Daumen in die Mitte der Kugel drücken und zwischen Finger und Daumen daraus eine Schale mit festem Boden und dicken Seiten formen. Wenn der Topf für eine Pflanze verwendet werden soll, den Boden noch mit einem kleinen Abflussloch versehen.

3. Den Ton vierundzwanzig Stunden trocknen lassen. Er muss fest, aber noch weich genug sein, um Stücke davon abzuschneiden. Wenn der Ton dabei am Messer klebt, den Topf noch ein paar weitere Stunden trocknen lassen.

4. Wenn der Topf bearbeitet werden kann, diesen auf das Schneidebrett setzen und mit dem Messer den Boden begradigen, dann von den Seiten gerade Stücke abschneiden, sodass ein geometrisches Muster entsteht. Eventuell mit einem kleineren Messer oben den Rand bearbeiten.

5. Wenn das Muster fertig ist, den Topf vollständig trocknen lassen. Das kann mehrere Tage dauern, aber wenn sich die Farbe von Grau zu Weiß verändert hat und sich der Topf fest anfühlt, ist der Ton trocken.

6. Wenn der Topf für eine Pflanze gedacht ist, muss der Ton mit Lack geschützt werden. Innen und außen eine dünne Schicht auftragen und ein paar Stunden trocknen lassen. Anschließend eine zweite Schicht auftragen und fortfahren, bis drei oder vier Schichten den Ton schützen. Wenn der Lack vollständig getrocknet ist, den Topf mit Erde füllen und die Pflanze hineinsetzen.

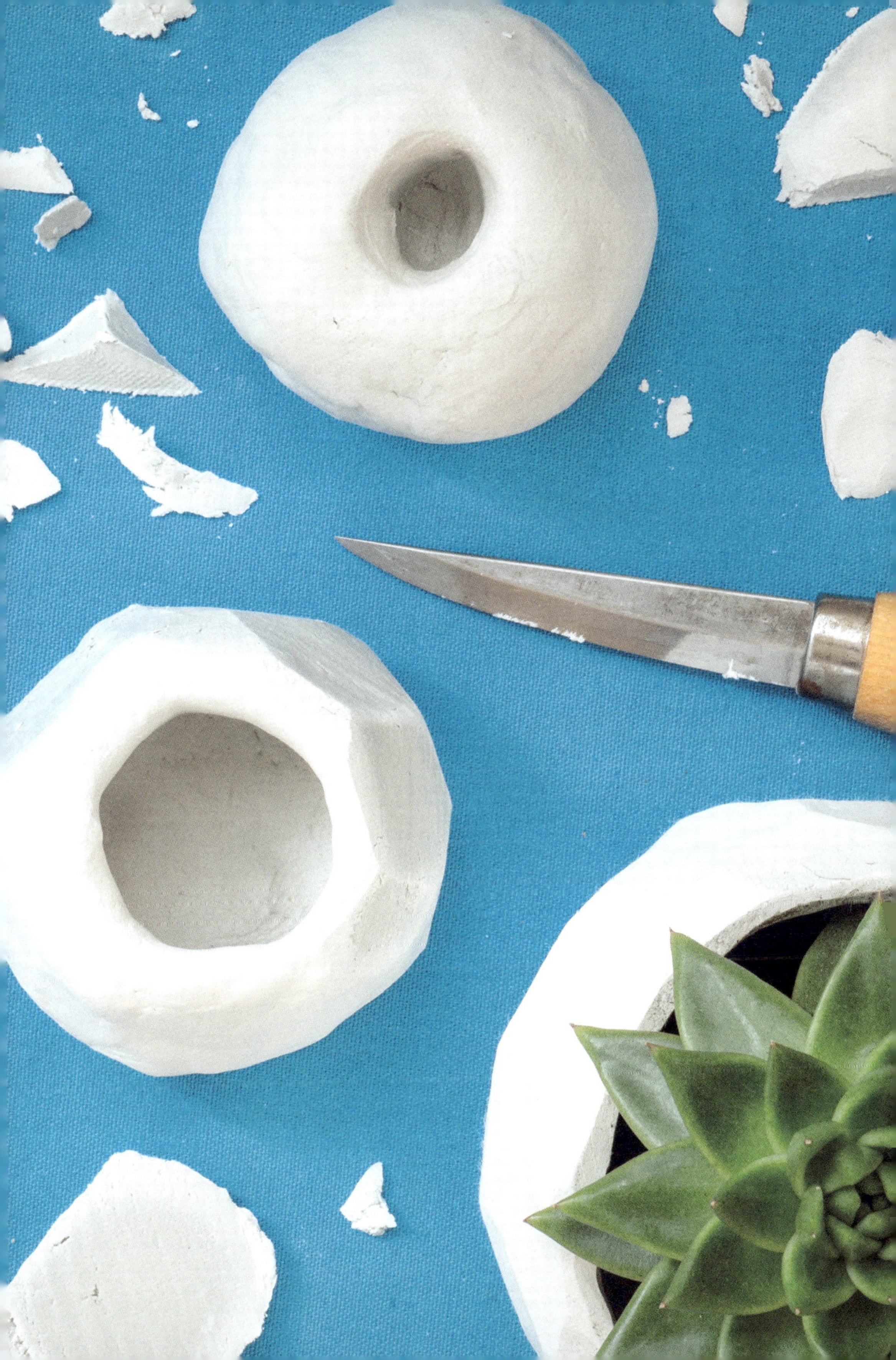

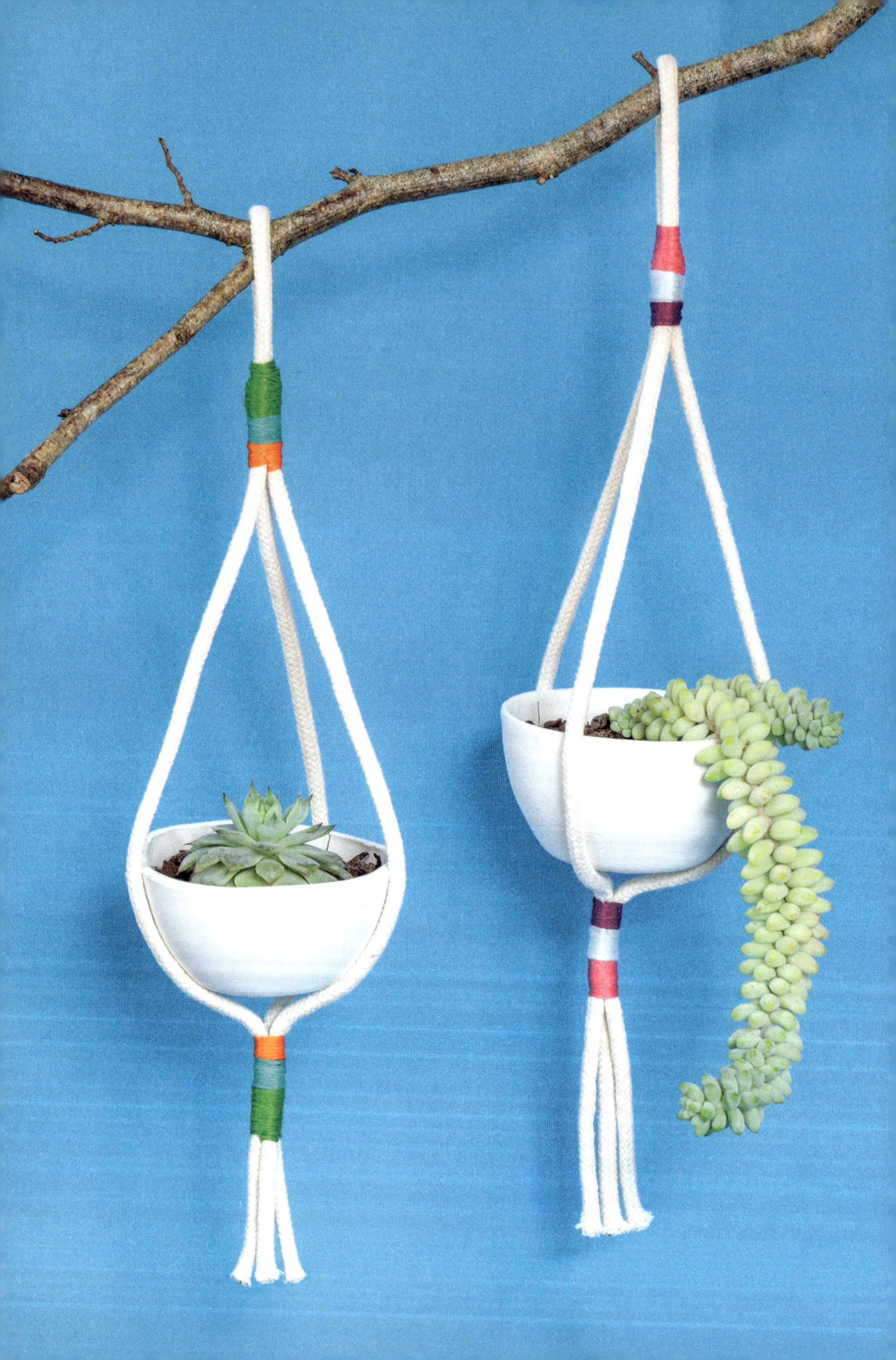

Hängende Mini-Sukkulenten

Diese Töpfe in textilen Aufhängern sind das perfekte Zuhause für deine Sukkulenten. Damit kannst du dir einen Miniatur-Garten an die Wand hängen. Naturverbundene Freunde werden ein anmutiges Pflanzenpaar als anregendes Geschenk zu schätzen wissen.

Material

- lufttrocknender Ton
- scharfes Messer
- Kordel oder Schnur, fest genug, um die Blumentöpfe zu tragen
- buntes Stickgarn
- kleine Schale
- Schleifpapier
- Sukkulentenerde
- Sukkulenten

SO GEHT'S

1. Die Topfgröße hängt von der Größe der Sukkulenten ab, daher sollten sie im Vorhinein besorgt werden.
2. Den Ton 0,5 cm dick ausrollen und in eine kleine Schale legen. Sanft an die Innenseite der Schale drücken und darauf achten, dass sich keine Falten bilden. Den oberen Rand mit einem Messer sauber und gleichmäßig abschneiden.
3. Den Ton trocknen lassen, dann lässt er sich gut aus der Schale nehmen. Andernfalls noch länger trocknen lassen oder ganz vorsichtig mit einem scharfen Messer ablösen. Die rauen Ränder mit Schleifpapier glätten. Dafür am besten draußen oder bei geöffnetem Fenster arbeiten, um den Staub nicht einzuatmen.

4. Zwei gleich lange Stücke Kordel in der gewünschten Länge der Aufhängung zuschneiden. Dann ein drittes Stück abschneiden, das 20 cm länger ist (oder noch länger, wenn die Schlaufe größer werden soll). Ein Ende jeder Kordel mit Washi Tape abkleben, damit es nicht ausfranst. Die drei Stücke zusammenhalten, das Ende des längeren Stücks umfalten, sodass eine Schlaufe entsteht. Mit einem kleinen Restfaden sichern (er wird später abgedeckt).

5. Die Kordeln unterhalb der Schlaufe mit farbigem Stickgarn umwickeln. Dabei schön fest um alle drei Kordeln wickeln und dann nach Belieben weitere Farben hinzufügen. Darauf achten, dass bis zur Stelle, wo das Ende der Schlaufe auf die Kordelenden trifft, gearbeitet wird (dabei wird der Faden aus Schritt 4 abgedeckt). Das Fadenende verknoten und mit einer Nadel verwahren.

6. Festlegen, wie weit unten der Topf hängen soll, und so wie oben an der Stelle buntes Stickgarn um alle drei Kordeln wickeln. Für das festgelegte Muster mit anderen Farben wiederholen, den Endfaden verknoten und wieder verwahren.

7. Die Kordelenden gleichmäßig auf die gewünschte Länge zurückschneiden und gegebenenfalls das Washi Tape entfernen. Für einen Fransenlook die Enden bis zur Umwicklung voneinander lösen.

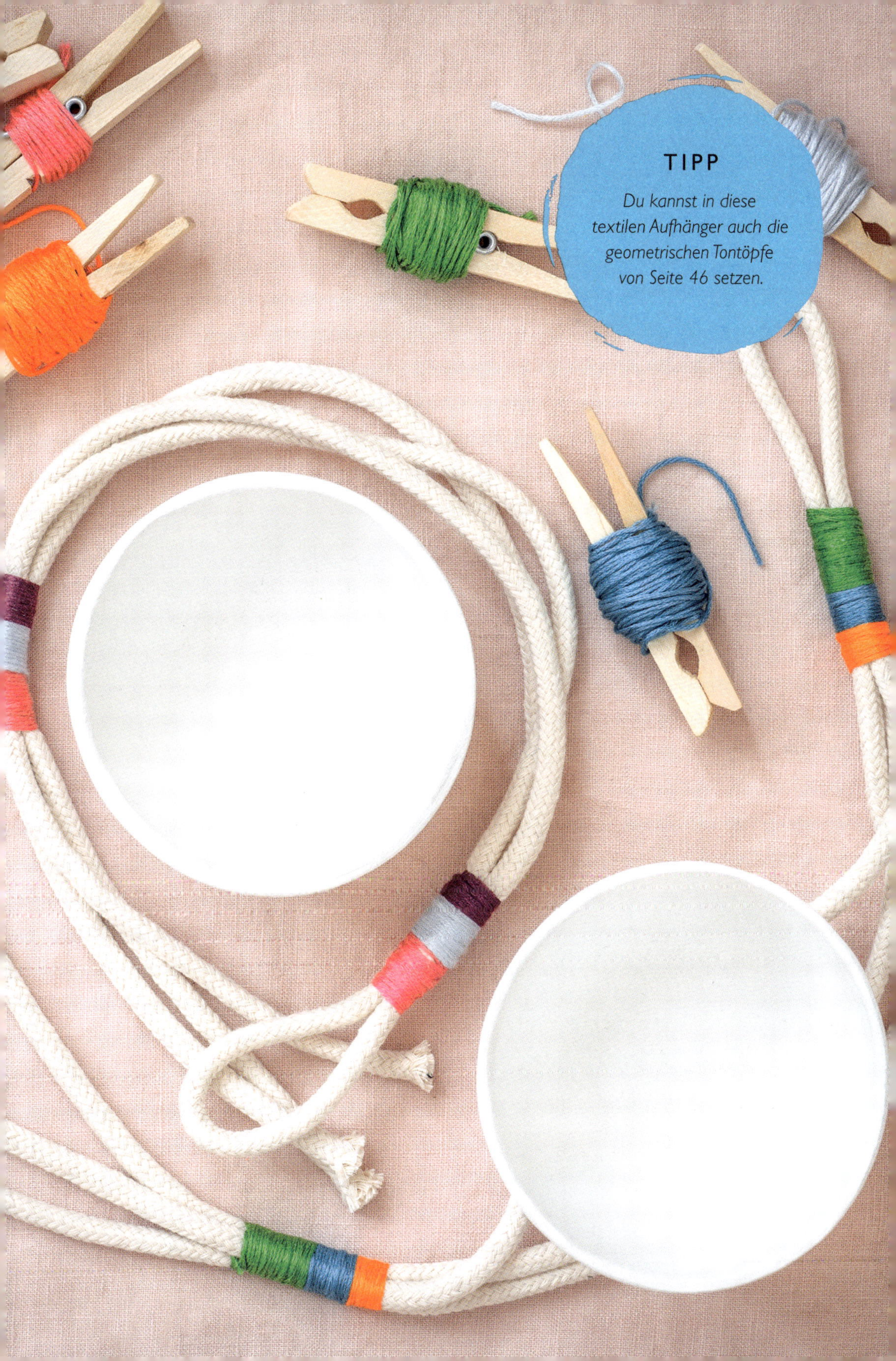

TIPP

Du kannst in diese textilen Aufhänger auch die geometrischen Tontöpfe von Seite 46 setzen.

Bild aus gepressten Blüten

Ein individuell gestalteter Rahmen mit gepressten Blüten ist ein aufmerksames schönes Präsent, das sich auch als Erinnerungsstück an einen besonderen Anlass eignet.

SO GEHT'S

Material

Wildblumen oder Blätter

Backpapier

schwere Bücher

alter Bilderrahmen

ein Stück hübscher Stoff, z. B. ungebleichte Baumwolle, etwas größer als der Rahmen

1. Schöne Wildblumen pflücken und zwischen zwei Bögen Backpapier legen.
2. Das Papier mit den Blumen so zwischen die Seiten eines schweren Buchs legen, dass sie gleichmäßig gepresst werden. Mindestens eine Woche – besser noch zwei – liegen lassen, damit sie austrocknen.
3. Die fertig gepressten Blumen aus den Büchern nehmen und zum Einrahmen auslegen.
4. Das Glas vorsichtig aus dem Bilderrahmen heben und reinigen. Die Blumen mit der Vorderseite nach unten auf das Glas legen und hübsch anordnen.
5. Die Blumen vorsichtig mit dem Stoff bedecken, ohne sie dabei zu verschieben. Die Rückseite des Rahmens fest einsetzen, sodass die Blüten nicht verrutschen. Wenn der Rahmen zu viel Spiel hat, ein paar Schichten Papier hinter den Stoff legen, um den Raum zu füllen und die Anordnung zu fixieren.

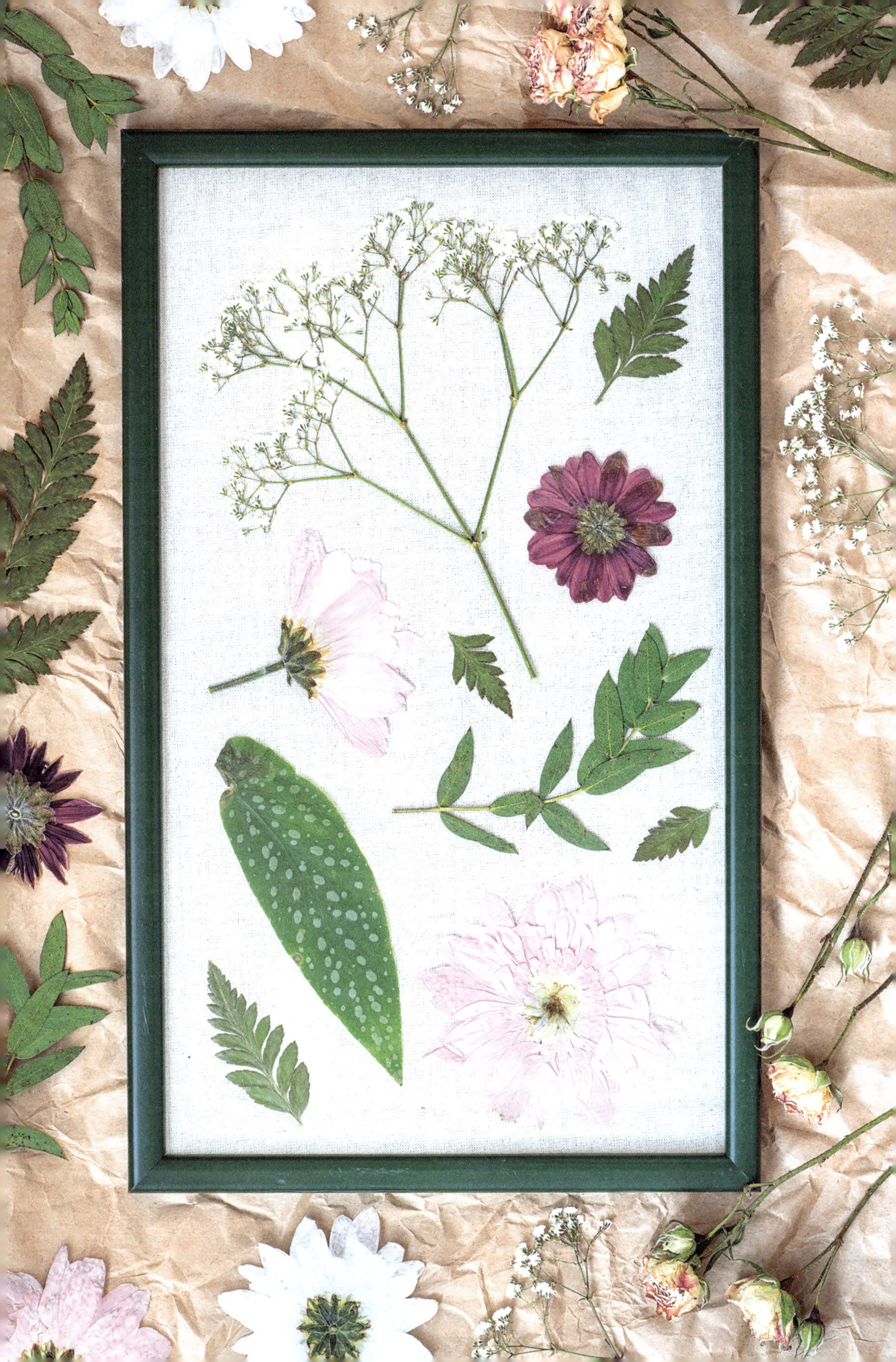

Terrarium im Glas

Mit einem Mini-Garten im Glas kann man sich ein bisschen Natur ins Haus holen. Dies ist zudem ein einzigartiges Ökogeschenk für Naturfreaks.

Material

ein sauberes Glas mit gut schließendem Deckel

verschiedene Moose – sie können am besten in einer feuchten und schattigen Gegend gesammelt werden (nimm nur, was du brauchst, und lass immer noch genug übrig)

kleine, feuchtigkeitsliebende Pflanzen (optional)

kleine Tonkugeln oder Kieselsteine

Erde

dekorative Gegenstände – Steine, Muscheln, Eicheln etc.

nützliche Hilfsmittel: Pinzette, Essstäbchen, Teelöffel

Sprühflasche mit Regenwasser

SO GEHT'S

1. Die kleinen Tonkugeln reinigen und damit eine etwa 1 cm hohe Drainageschicht in das Glas legen.
2. Darauf 1 cm Erde geben und mit einem Hilfsmittel festdrücken.
3. Moose, Pflanzen und andere Deko-Gegenstände darauf arrangieren. Anschließend mit einem Essstäbchen fest in die Erde drücken.
4. Die Innenwände des Glases mit ein paar Sprühstößen Wasser befeuchten und das Glas fest verschließen. Später kann noch weiteres Wasser hinzugefügt werden, wenn das Terrarium zu trocken wirken sollte. Sollte es zu feucht sein, den Deckel ein oder zwei Tage öffnen, damit die Feuchtigkeit entweichen kann.
5. Das neue Terrarium abseits vom Sonnenlicht in eine helle Umgebung stellen. Es befeuchtet und reinigt sich regelmäßig von selbst, weil die Pflanzen atmen und Photosynthese betreiben. Wenn kein oder zu viel Kondenswasser entsteht, entsprechend Feuchtigkeit hinzufügen oder entfernen.

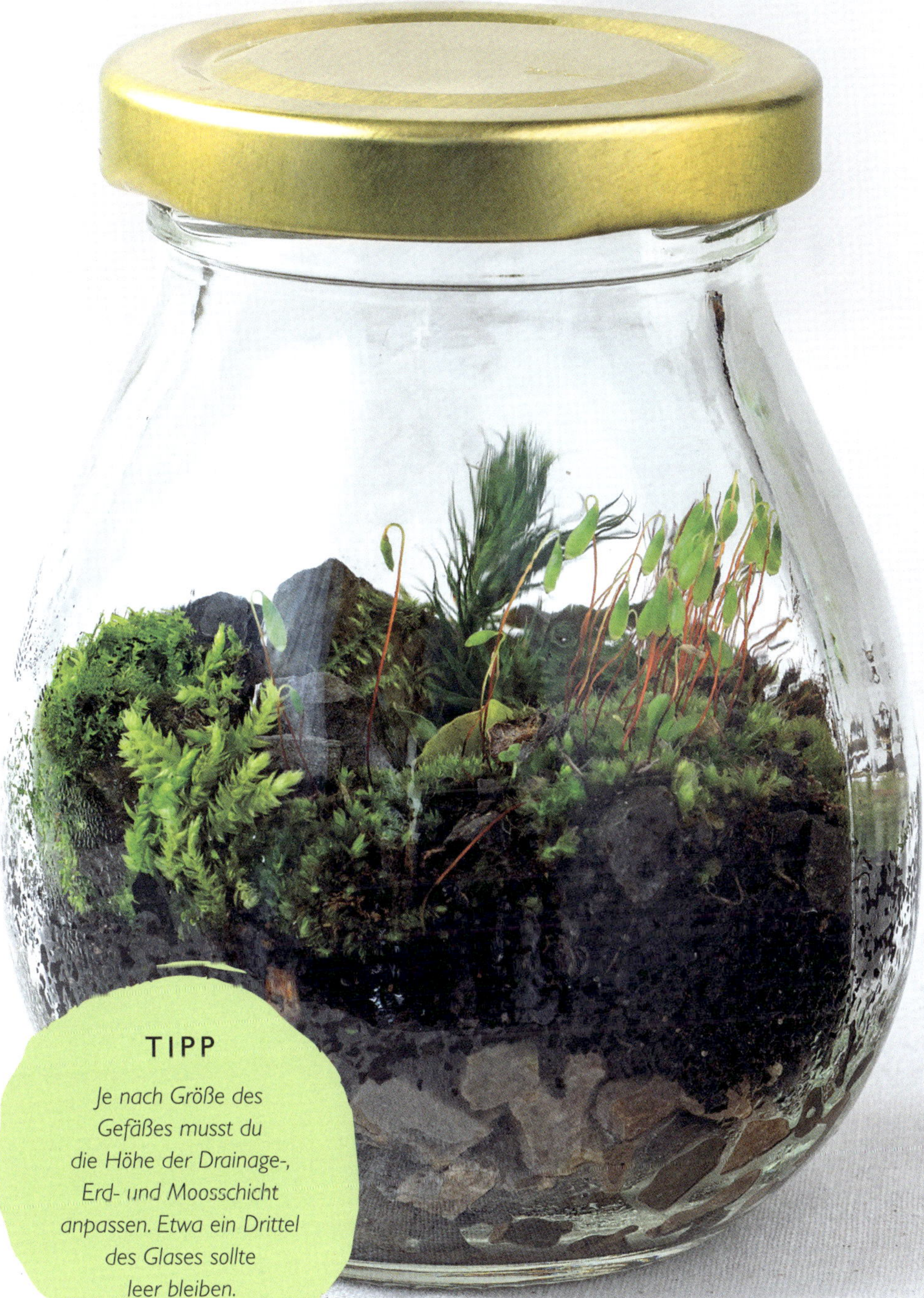

TIPP

Je nach Größe des Gefäßes musst du die Höhe der Drainage-, Erd- und Moosschicht anpassen. Etwa ein Drittel des Glases sollte leer bleiben.

Kaffee-Peeling

Wiederverwendbare Pflegepads

Beutel mit Kordelverschluss

Kräuter-Badekugeln

Beruhigende Augenmaske

Grapefruit-Handcreme

Reichhaltiger Lippenbalsam

Pflege und Kosmetik

Selbstfürsorge ist wichtig für Körper und Seele – und mit Kosmetika aus liebevoller Eigenproduktion besonders effektiv. Diese einfach herzustellende Augenmaske wirkt Wunder, wenn man eine kleine Einschlafhilfe benötigt. Der entspannende Lavendel löst Ängste und duftet beruhigend. Deine Liebsten werden nie wieder Kaffeesatz wegwerfen, wenn sie sehen, wie man den Teint mit einem Espresso-Peeling verjüngen kann. Wiederverwendbare Gesichtspads herzustellen ist ganz simpel und macht Spaß, zudem sind sie umweltfreundlich – deine Freundinnen mit Faible für Hauptpflege werden dich lieben für dieses Geschenk! Wahrscheinlich siehst du deine Pads bald darauf überall auf Instagram!
Und für die perfekte Aufbewahrung deiner ganzen Pflegeprodukte, wie den selbstgemachten Lippenbalsam oder die superweiche Handcreme, brauchst du nichts weiter als den Beutel mit Kordelzug. Stöbere in deinen alten Kleidern oder Tischdecken und nähe aus einem tollen Stoff eine individuelle Kosmetiktasche für eine Freundin.

Kaffee-Peeling

Das Schöne an dieser Peeling-Maske ist ihre Schlichtheit: ein Collagen-Boosting aus dem Kaffeesatz deines morgendlichen Muntermachers.

SO GEHT'S

Material

1 EL Kaffeesatz

1 EL Öl (siehe dazu Schritt 1)

Aufbewahrungsglas

1. Den Kaffeesatz in eine Schale geben und mit einem beliebigen Öl vermischen. Olivenöl eignet sich gut für trockene Haut, Hagebuttenkernöl wirkt verjüngend und Jojobaöl macht die Haut weich.
2. Die Mischung in kreisenden Bewegungen auf das Gesicht auftragen (dafür kannst du die wiederverwendbaren Pads von Seite 62 benutzen). Der Kaffeesatz wirkt wie ein Peeling, reinigt die Poren und verjüngt den Teint und ist dabei sanft genug für empfindliche Haut.
3. Wenn alle Bereiche des Gesichts und Nackens bedeckt sind, das Peeling mit warmem Wasser abwaschen.
4. Das Peeling hält sich bis zu einem Monat in einem luftdicht verschlossenen Glas im Kühlschrank. Wir empfehlen, es ein- oder zweimal pro Woche anzuwenden.

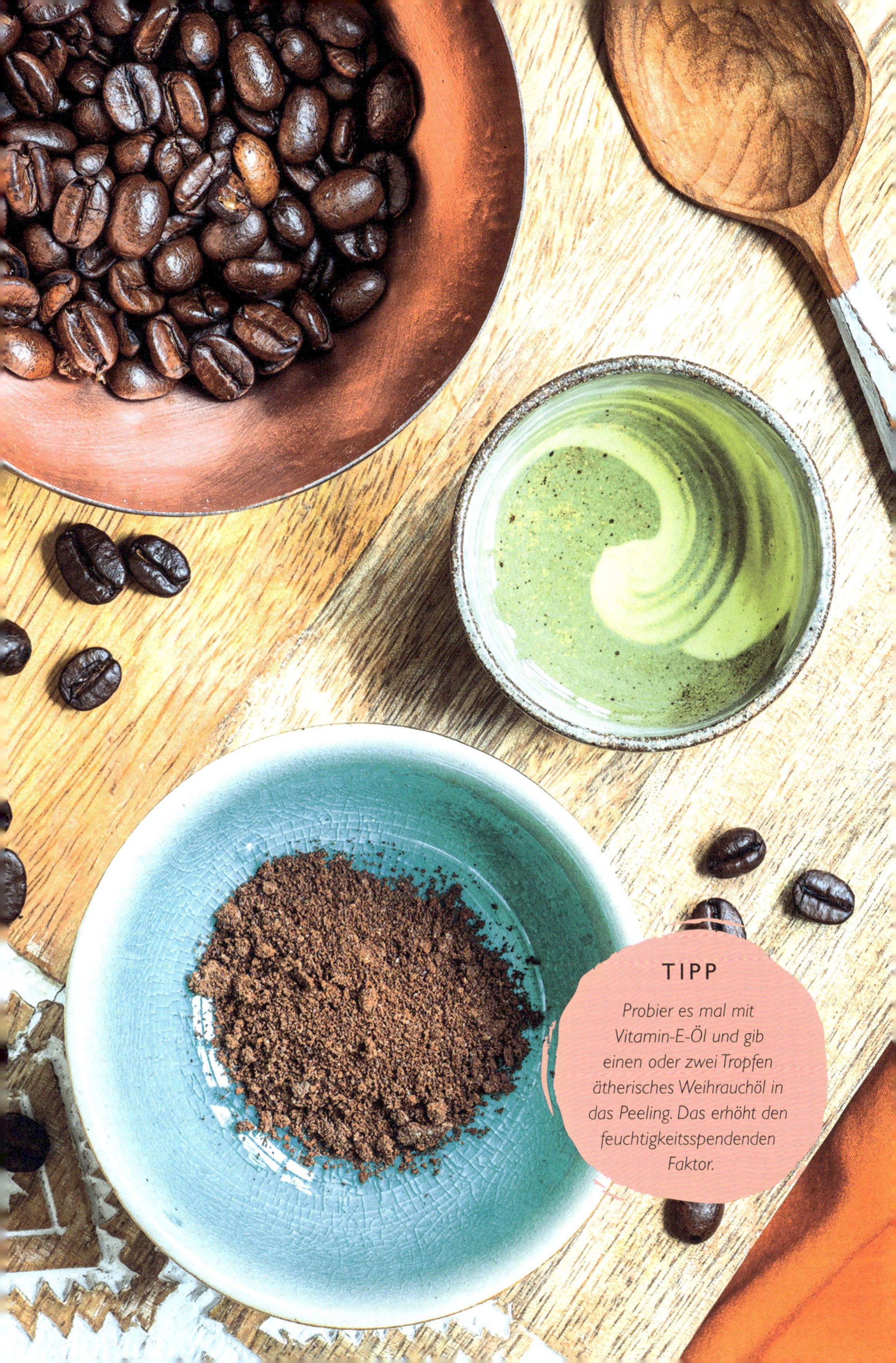

TIPP

Probier es mal mit Vitamin-E-Öl und gib einen oder zwei Tropfen ätherisches Weihrauchöl in das Peeling. Das erhöht den feuchtigkeitsspendenden Faktor.

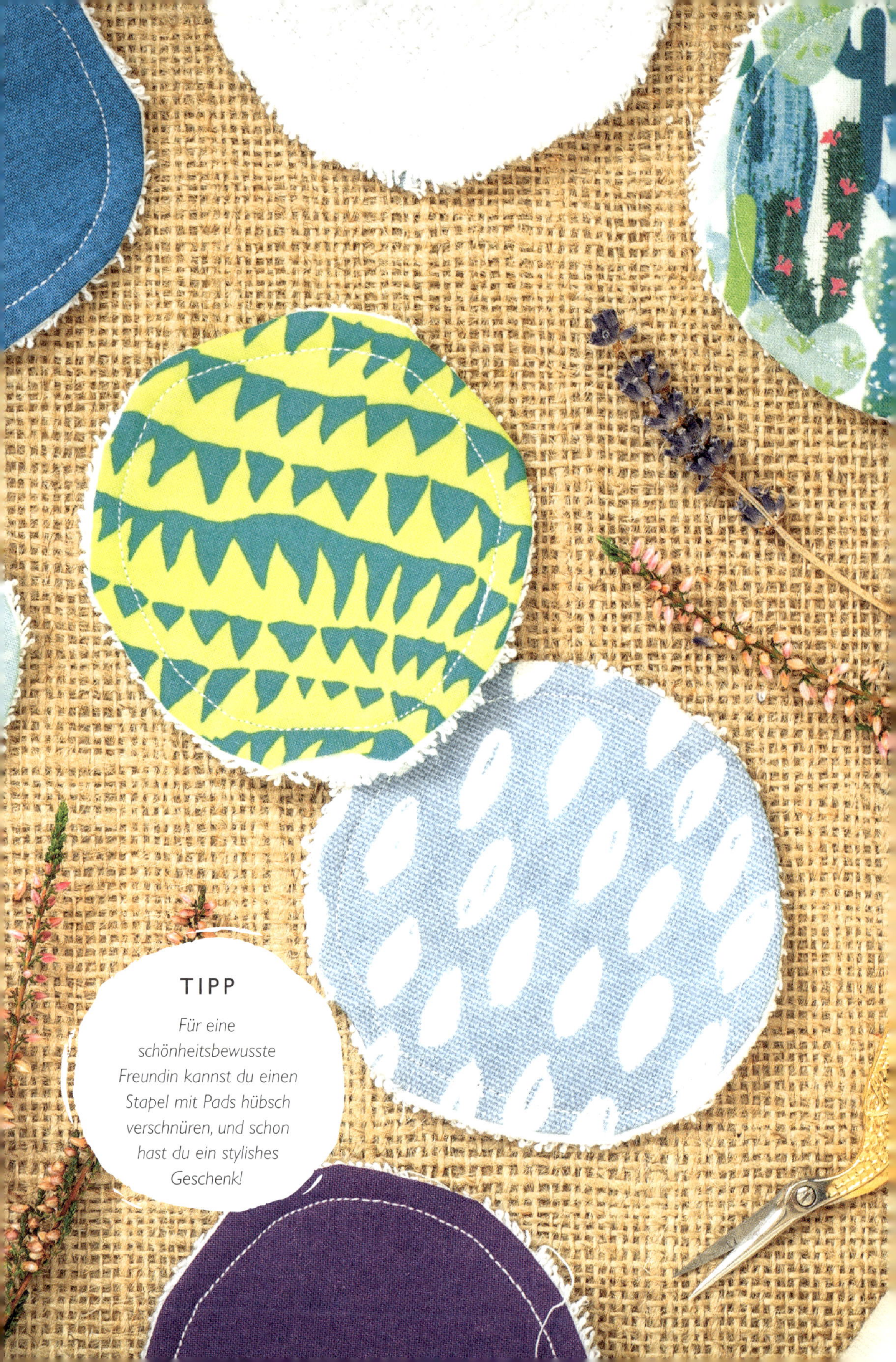

TIPP

Für eine schönheitsbewusste Freundin kannst du einen Stapel mit Pads hübsch verschnüren, und schon hast du ein stylishes Geschenk!

Wiederverwendbare Pflegepads

Diese wiederverwendbaren Pads sind superschnell angefertigt und machen die Hautpflege zu einer Routine, die ganz umweltfreundlich ist.

SO GEHT'S

Material

Reste von Bio-Baumwollstoffen, etwa von alten Blusen oder Bettwäsche, mit beliebigem Muster

1 oder 2 Frottee-Waschlappen (oder alte Handtücher)

Nähmaschine oder Nadel und Faden

Papier

Stecknadeln

Bügeleisen

1. Einen Kreis mit 9 cm Durchmesser auf Papier zeichnen, ausschneiden und als Schablone für den Stoff verwenden.
2. Einen Kreis aus Baumwollstoff und einen aus Frottee rechts auf rechts aufeinanderlegen (also Außenseiten nach innen). Feststecken.
3. Mit einer Nahtzugabe von 6 mm mit der Nähmaschine oder von Hand zusammennähen. Dabei eine 2,5 cm große Wendeöffnung stehen lassen. Die Pads auf rechts wenden und kurz bügeln.
4. Von rechts 6 mm neben der Kante absteppen. Dabei die Wendeöffnung schließen.
5. Die Frotteeseite wie ein Wattepad für eine normale Reinigungsmilch verwenden.

Beutel mit Kordelverschluss

Dieser vielseitig verwendbare Beutel kann ganz am Geschmack und den Bedürfnissen des Empfängers ausgerichtet werden.

Material

Bio-Baumwollstoff, 2 x 25 cm x 35 cm

2 Schnüre, 45 cm lang – nach Belieben nicht zu dickes Band, Kordel oder Schnur

Sicherheitsnadel

Nähmaschine oder Nadel und Faden

Zickzackschere (optional)

Stecknadeln

Bügeleisen

SO GEHT'S

1. Eines der Stoffstücke mit der rechten Seite (also der späteren Außenseite des Beutels) nach unten hinlegen, oben 6 mm auf die linke Seite falten und flach bügeln. Ebenso mit dem anderen Stoffstück verfahren.

2. Jetzt haben beide Stoffteile einen oberen Saum. Die Teile rechts auf rechts aufeinanderlegen und glatt streichen. Auf der rechten und linken Seite von oben jeweils 5 cm markieren (nach Belieben feststecken). Mit der Nähmaschine oder von Hand auf der linken Seite ab der Markierung nach unten, über die untere Kante und auf der rechten Seite nach oben bis zur zweiten Markierung mit einer Nahtzugabe von 2,5 cm nähen (siehe übernächste Seite Foto a).

3. Den Beutel öffnen und die Seitennähte flach bügeln (siehe übernächste Seite Foto b). Die gebügelte Nahtzugabe nach innen falten und noch einmal bügeln, darauf achten, dass beide Seiten der Naht eingeschlagen werden. Dasselbe auf der anderen Seite wiederholen.

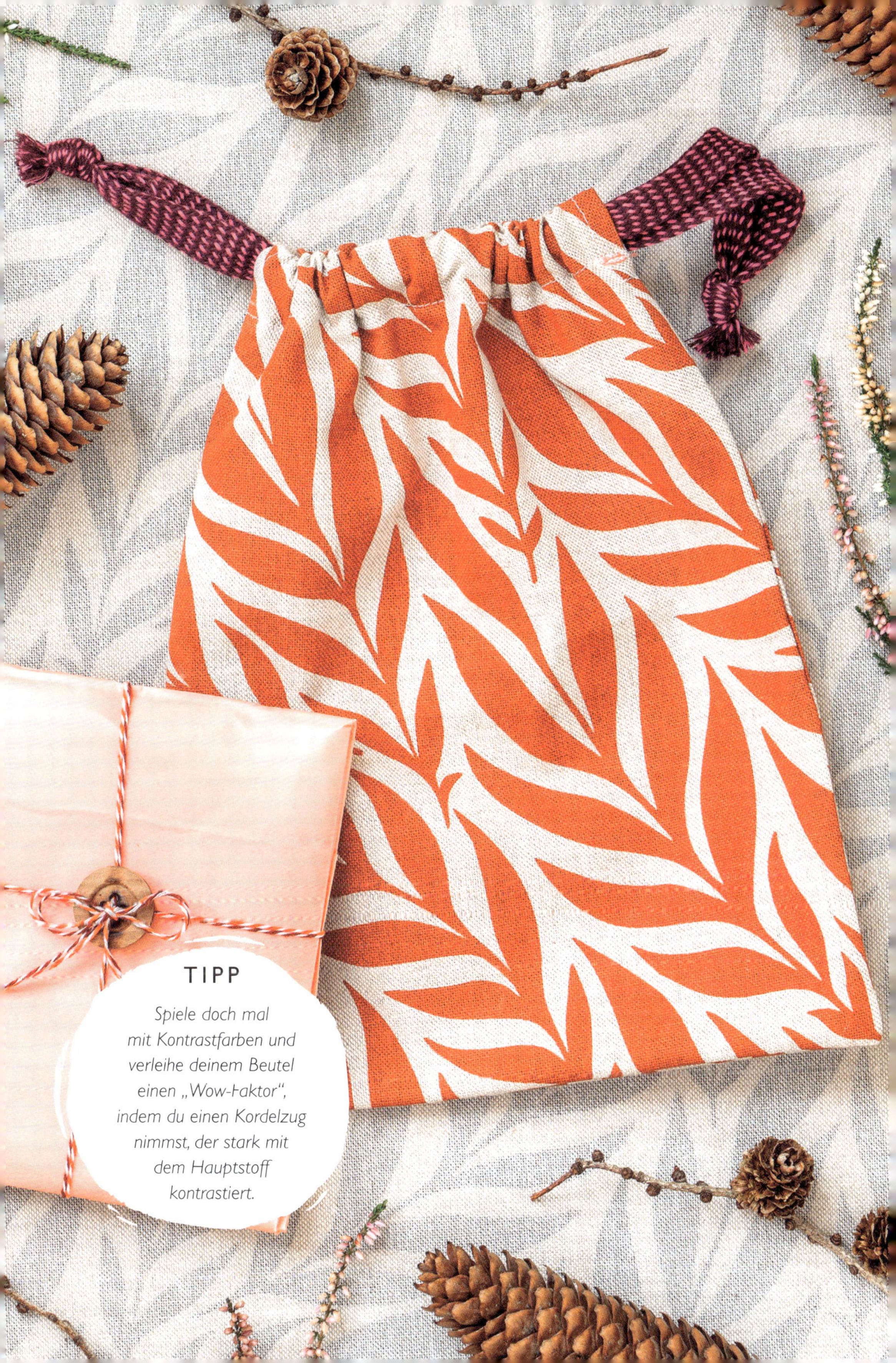

TIPP

Spiele doch mal mit Kontrastfarben und verleihe deinem Beutel einen „Wow-Faktor“, indem du einen Kordelzug nimmst, der stark mit dem Hauptstoff kontrastiert.

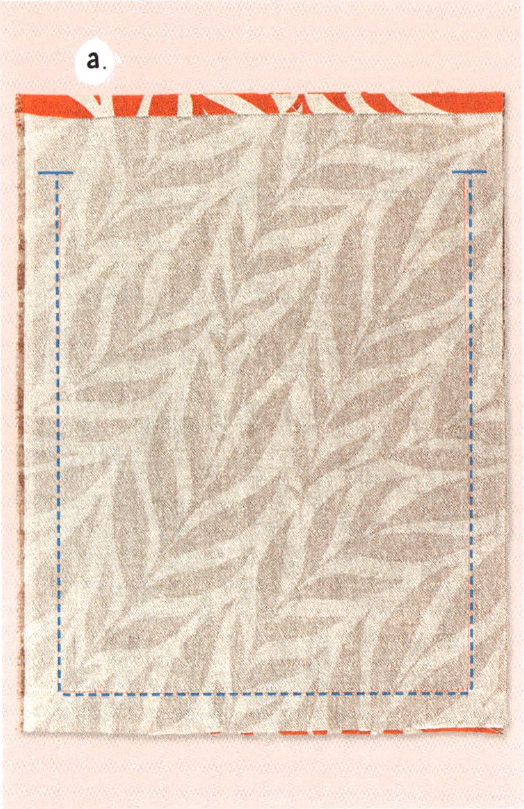
a.

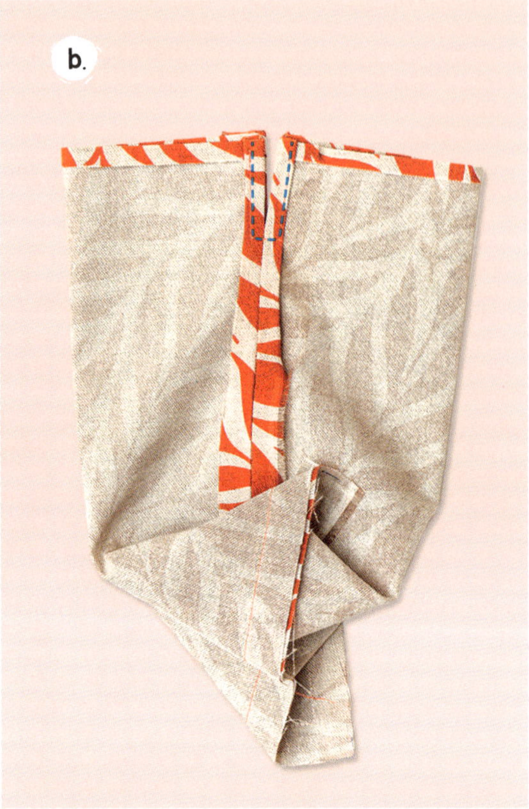
b.

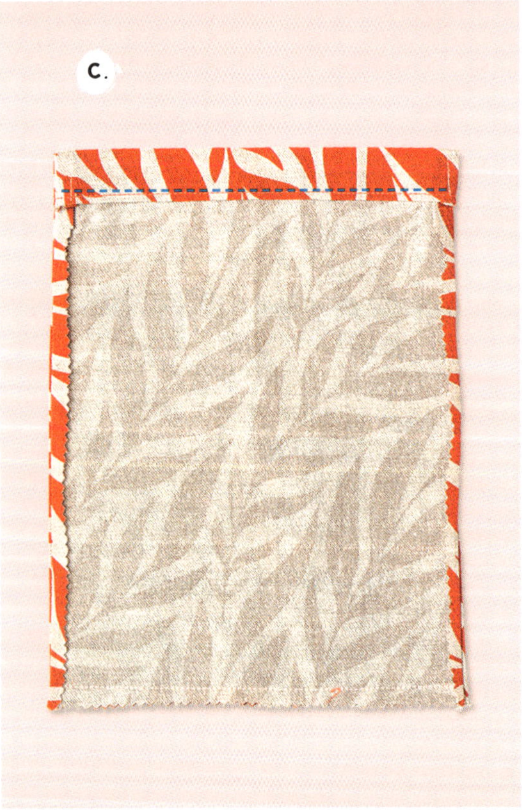
c.

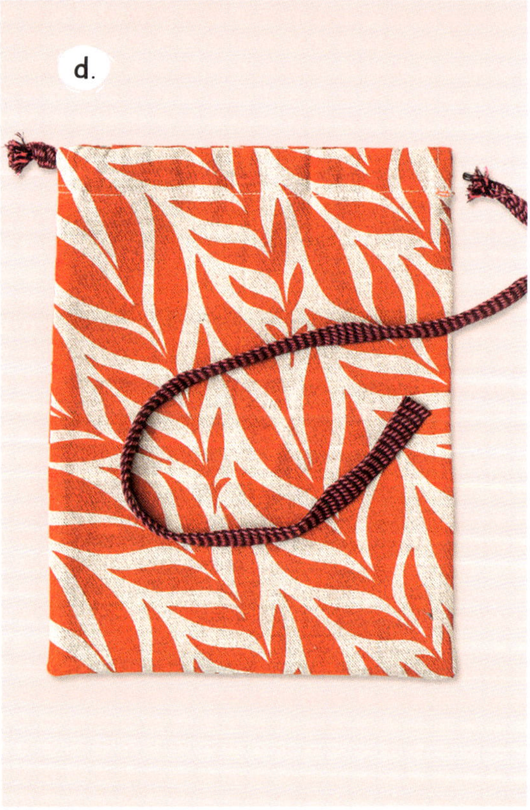
d.

4. Die gefalteten Nahtzugaben von oben bis zu der bereits genähten Naht und noch weitere 5 cm nach unten nähen, dann über die Naht zwischen den beiden Stoffstücken und dann wieder zurück nach oben zur Oberkante. Die Fadenenden abschneiden (siehe Foto b).

5. Den Beutel wieder flach hinlegen, die Oberkanten um 2,5 cm einschlagen und feststecken. Auf beiden Seiten getrennt festnähen (siehe Foto c).

6. Die Nahtzugaben mit der Zickzackschere (oder Stoffschere) zurückschneiden und den Beutel nach außen wenden. Die Sicherheitsnadel in das Ende einer Schnur stecken und diese damit auf einer Seite durch den genähten Tunnel ziehen. Den Beutel umdrehen und die Schnur auf der anderen Seite durchziehen, sodass beide Schnurenden auf einer Seite des Beutels liegen. Die andere Schnur auf dieselbe Weise von der anderen Seite aus durch den Tunnel ziehen, sodass auf jeder Seite zwei Schnurenden liegen (siehe Foto d).

7. Die Schnurenden auf beiden Seiten verknoten (so entstehen zwei Schlaufen mit einem Knoten auf jeder Beutelseite). Zum Schließen des Beutels die Schnüre festziehen.

Kräuter-Badekugeln

Diese Badekugeln sind ein richtiges Detox-Vergnügen, das selbst total Gestresste entspannt. Ihr Lavendel- und Minzeduft wirkt beruhigend und die Bittersalze sind Balsam für die Haut.

Material
(für 8 kleine Kugeln)

120 g Natron

60 g Zitronensäure

65 g Epsom-Salz

1 TL Öl (Oliven-, Mandel- und Sonnenblumenöl eignen sich gut)

½ TL ätherisches Lavendelöl

Eiswürfelform aus Silikon

Sprühflasche, mit Wasser gefüllt

eine Handvoll Pfefferminzblätter, Lavendelblüten und Blütenblätter, getrocknet und zerstoßen

SO GEHT'S

1. Ein paar getrocknete Pfefferminzblätter und Lavendelblüten in die Eiswürfelformen streuen. Sie bilden später die Dekoration auf der Oberfläche der Kugeln.
2. Natron, Zitronensäure und Epsom-Salz in eine Schale geben und verrühren, Öl und ätherisches Öl untermischen.
3. 2–3 Pumpstöße Wasser dazugeben und weiterrühren. Mit der Hand die Konsistenz prüfen und noch weiteres Wasser hinzufügen, bis sich die Masse wie feuchter Sand anfühlt. Sie sollte nicht zu feucht sein und sollte ihre Form behalten, wenn sie in der Hand ausgedrückt wird.
4. Jeweils 1 EL der Masse in die Mulden auf die Blüten geben und etwas festdrücken.
5. Eine Schicht getrocknete Pfefferminzblätter darüberstreuen, dabei darauf achten, dass sie schön gleichmäßig verteilt werden, auch an den Rändern. Dann noch 1 EL Masse daraufgeben.

6. Die Masse festdrücken und glatt streichen. Mit weiteren Pfefferminzblättern dekorieren.

7. Die Badekugeln 24 Stunden trocknen lassen und dann vorsichtig aus den Formen lösen.

8. In ein Glas füllen und, falls sie ein Geschenk sein sollen, den Deckel mit einem hübschen Stoff abdecken.

TIPP

Noch ausgefallener und reichhaltiger werden die Kugeln, wenn du Calendulablüten im Öl ziehen lässt.

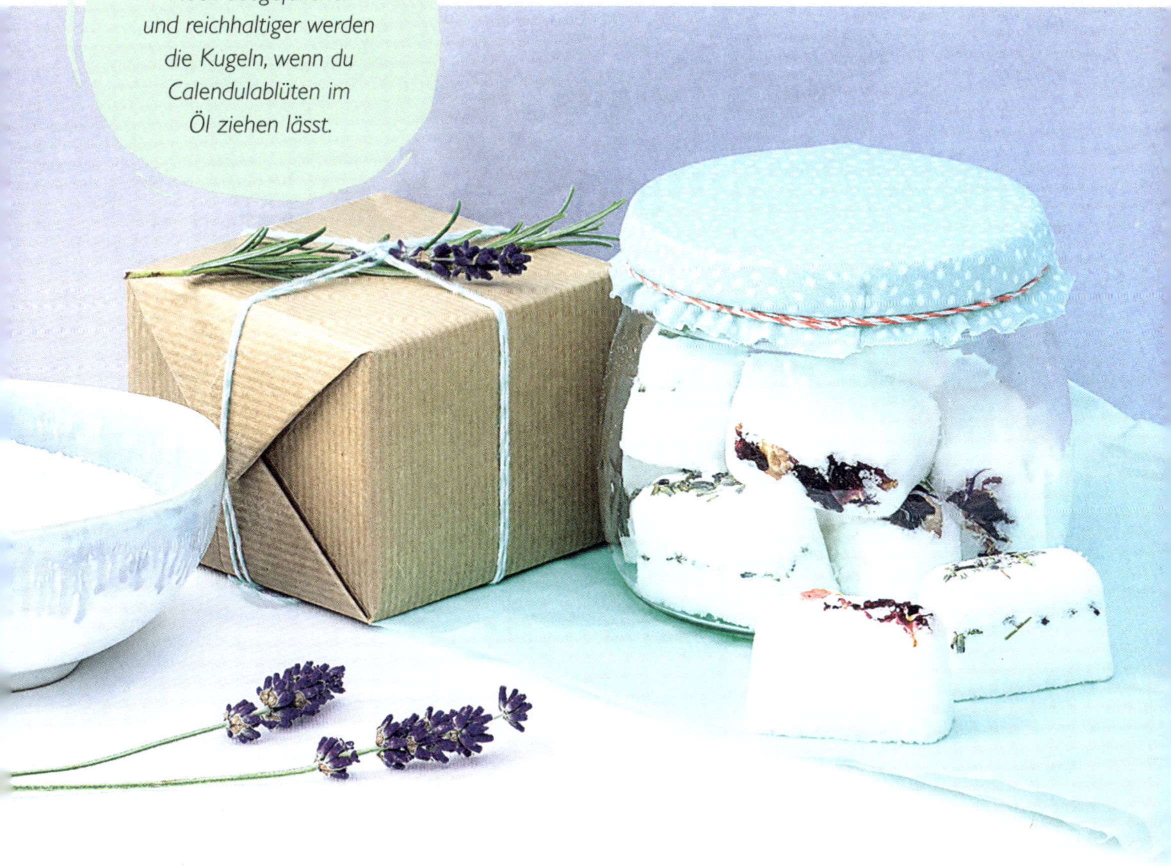

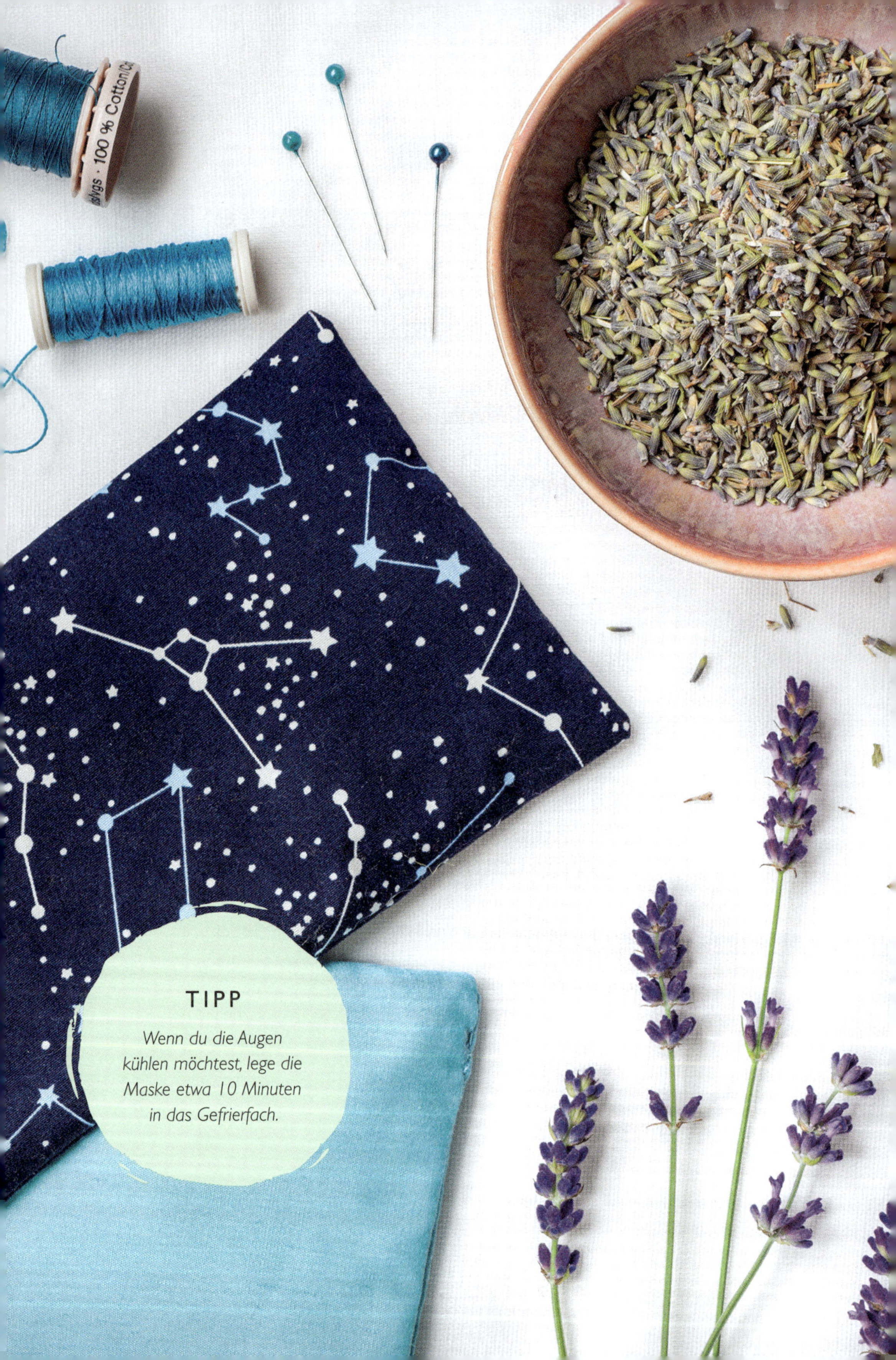

TIPP

Wenn du die Augen kühlen möchtest, lege die Maske etwa 10 Minuten in das Gefrierfach.

Beruhigende Augenmaske

Diese Maske ist perfekt für ein erholsames Power-Napping oder für eine Freundin, die sich nach einem luxuriösen Spa-Feeling sehnt.

SO GEHT'S

Material

Bio-Baumwollstoff, 2 x 24 cm x 10 cm

160 g Jasminreis

10 g getrockneter Lavendel

Nähmaschine oder Nadel und Faden

1. Die beiden Stoffstücke rechts auf rechts aufeinanderlegen.
2. Mit der Nähmaschine (oder mit dem Steppstich von Hand) mit einer Nahtzugabe von 6 mm zusammennähen, dabei an einer kurzen Seite eine 5 cm große Öffnung lassen, durch die später die Füllung eingefüllt wird.
3. Die Ecken zurückschneiden, dabei darauf achten, nicht in die Naht zu schneiden, und das Rechteck auf rechts wenden.
4. Die Maske mit dem getrockneten Lavendel und dem Reis füllen und die Öffnung zunähen.
5. Zum Erwärmen die Maske für 30 Sekunden in die Mikrowelle legen, gegebenenfalls den Vorgang wiederholen, bis sie warm genug ist (aber aufpassen, dass sie nicht zu heiß wird).

Grapefruit-Handcreme

Diese luxuriöse Handcreme zieht gut in die Haut ein und versorgt rissige Hände mit Feuchtigkeit. Sie ist ein schnell gemachtes Geschenk!

SO GEHT'S

Material

85 g Kokosöl

50 g Mangobutter (nach Belieben auch Shea- oder Kakaobutter)

30 g Oliven- oder Mandelöl

3,5 g (1,5 EL) Sojawachs

10 Tropfen hautverträgliches ätherisches Grapefruitöl

Quirl

leere Cremetube

1. Alle Zutaten bis auf das ätherische Öl in eine Schale geben und in der Mikrowelle oder im Wasserbad langsam erwärmen.
2. Wenn alle Zutaten miteinander verschmolzen sind, die Schale aus der Mikrowelle oder vom Herd nehmen und das ätherische Grapefruitöl unterrühren.
3. Die Mischung 3–4 Stunden im Kühlschrank oder über Nacht bei Zimmertemperatur abkühlen lassen, bis sie fest, aber noch weich ist.
4. Mit einem elektrischen oder Handquirl die Masse 2–10 Minuten aufschlagen, bis sie anfängt, fest zu werden (mit dem elektrischen Quirl geht das natürlich viel schneller als von Hand!).
5. Wenn die Creme nicht mehr vom Quirl tropft, kann sie in ein beliebiges Behältnis gefüllt werden. Oder du trägst sie gleich auf, deine Hände werden es dir danken!

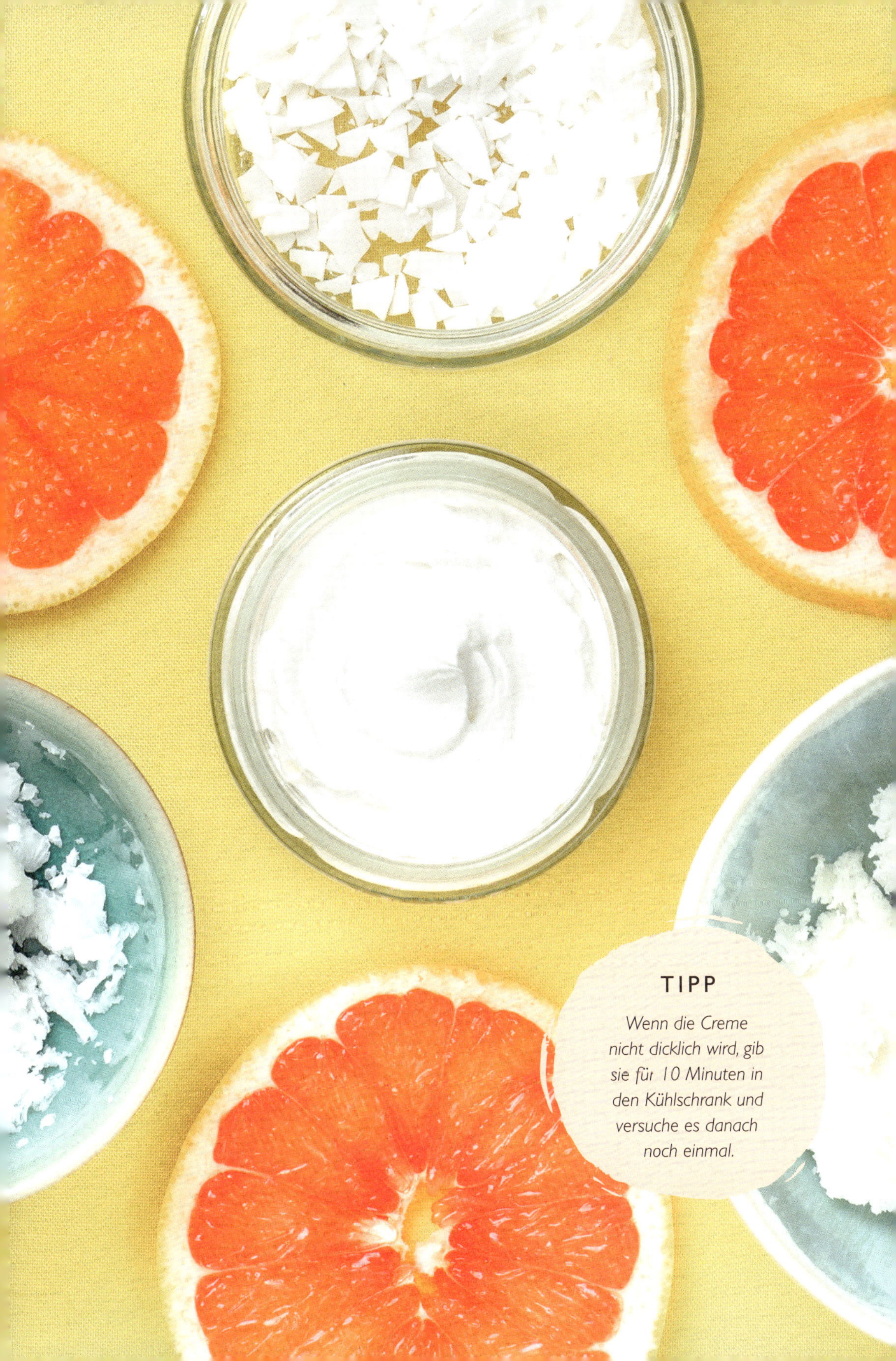

TIPP

Wenn die Creme nicht dicklich wird, gib sie für 10 Minuten in den Kühlschrank und versuche es danach noch einmal.

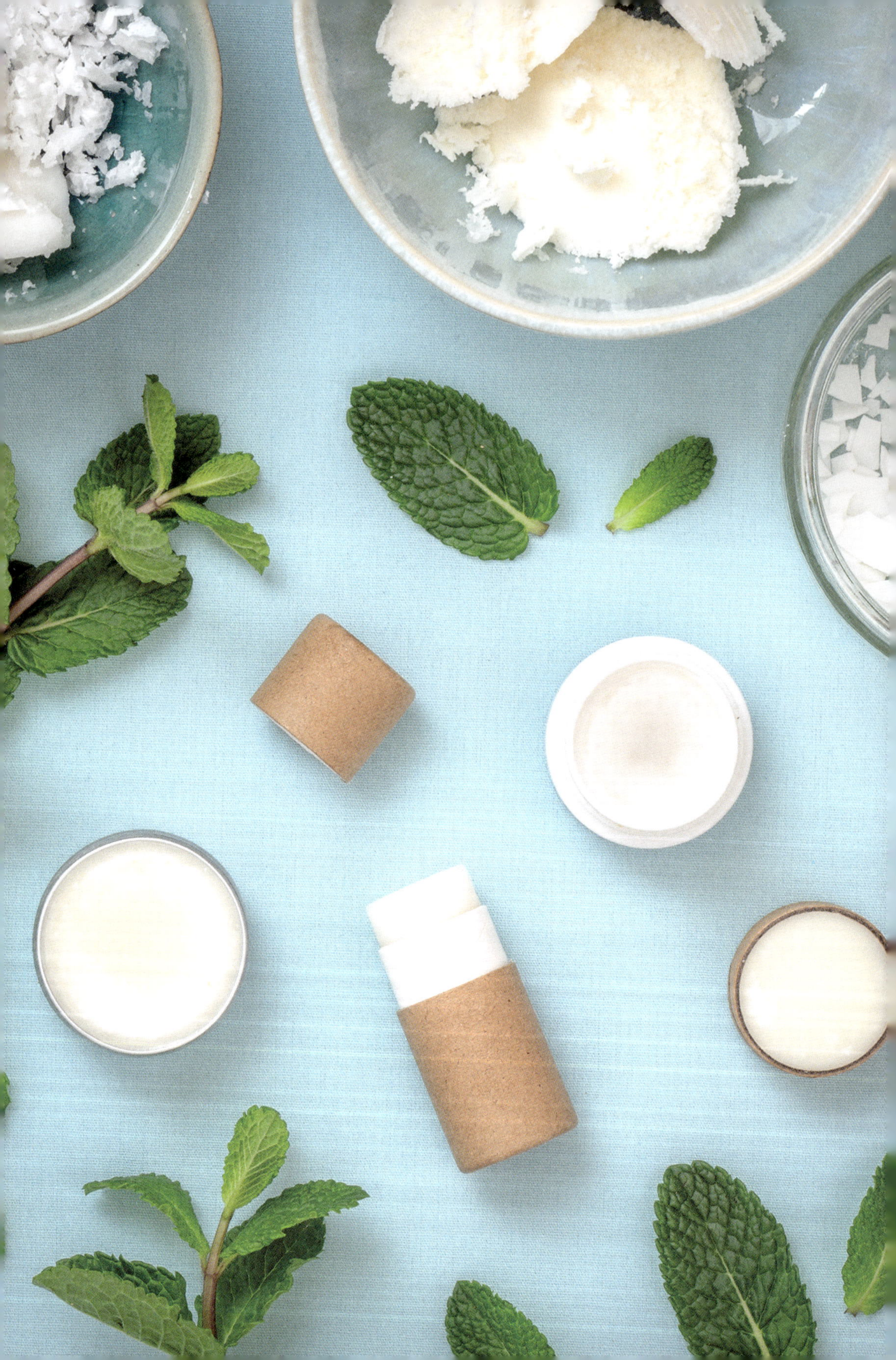

Reichhaltiger Lippenbalsam

Feuchtigkeitsspendend? Ja. Schützend? Ja. Dieser nachhaltige und pflanzliche Balsam ist dank seiner weichen, pflegenden Eigenschaften immer und überall gut für deine Lippen. Zudem ist er ein preiswertes, aber aufmerksames Geschenk, das die Lippen geschmeidig hält und zum verführerischen Kussmund macht. Yeah!

Material

20 g Sojawachs

15 g Kokosöl

20 g Sheabutter

10–12 Tropfen hautverträgliches ätherisches Minzöl

kleines Glas oder Tiegel (z. B. von aufgebrauchtem Lippenbalsam) oder Kartonhülsen für Lippenbalsam

SO GEHT'S

1. Das Sojawachs im Wasserbad schmelzen. Die Sheabutter und das Kokosöl hinzufügen und umrühren, bis alles geschmolzen und gut vermischt ist.
2. 10–12 Tropfen ätherisches Minzöl unterrühren und das Ganze vom Herd nehmen.
3. Die Masse in das Behältnis füllen oder spritzen.
4. Den Lippenbalsam 24 Stunden fest werden lassen. Dann sollte er gut anzuwenden sein.

Lunchbeutel aus Stoff

Lesezeichen mit Stiftfach

Utensilo für Mal- und Bastelmaterial

Reisepass-Hülle

Schlüsselanhänger mit Fransen

Für unterwegs

Diese umweltfreundlichen Präsente sind einfach die perfekten Begleiter durch den Alltag. Dabei hat jedes einen Hauch von Persönlichkeit, was sie zu durchdachten, funktionalen und einzigartigen Accessoires macht.
Der Lunchbeutel beglückt Fans von Mahlzeiten im Freien, denn er lässt sich zusammenbinden und auf eine Wanderung mitnehmen. Wenn du nicht so unternehmungslustig bist, kannst du auch deine Brotzeit fürs Büro hineinpacken.
Das praktische Stoff-Lesezeichen ist nicht nur ein dekorativer Einmerker, sondern hält in seinem Stiftfach auch Notizmaterial für besonders eifrige Leser parat. Reisebegeisterte können in der wunderbaren Reisepass-Hülle auch noch Erinnerungen und Souvenirs aufbewahren. Wir lieben auch den einzigartigen Schlüsselanhänger mit Fransen, der jede triste Tasche aufpeppt oder beim täglichen Suchen nach dem Autoschlüssel hilft. Eigentlich sind all diese Gaben willkommen, egal ob der Beschenkte ständig unterwegs ist, sein nächstes Abenteuer plant oder ein ambitionierter Leser ist, der seine Bücher intensiv „durchackert". Auf den Punkt gebracht: praktisch perfekt!

Lunchbeutel aus Stoff

Dieser umweltfreundliche Beutel für das Mittagessen ist ein tolles Mitbringsel. Als Geschenk für Genießer füllt man es noch mit köstlichen Naschereien, bevor man es übereicht.

SO GEHT'S

Material

2 dreieckige Stoffstücke, 58 cm x 58 cm x 80 cm

Nähmaschine

Stecknadeln

1. Je nach verwendetem Stoff die Kanten mit einem Zickzackstich versäubern, damit sie nicht ausfransen. Die Dreiecke miteinander verbinden und dafür diese flach mit der rechten Seite nach oben hinlegen, sodass die rechtwinkligen Ecken einander zugewandt sind (die längeren Kanten sind außen). Ein Teil über das andere schieben, sodass jeweils die Spitze die Mitte der langen Kante des darunterliegenden Dreiecks berührt (siehe Foto a).

2. Eine gerade Linie über die Mitte der Dreiecke von oben zur unten liegenden rechtwinkeligen Spitze nähen, dann um die Kanten der aufeinanderliegenden Stofflagen. So entsteht eine Rautenform.
Dabei dürfen sich keine „Taschen" bilden und die beiden Dreiecke sind nun zu einem einzigen Stoffteil verbunden (siehe Foto a).

3. Jetzt den Beutel zur Hälfte falten, sodass die Ecken rechts auf rechts (d. h. der Außenseite) aufeinanderliegen. Feststecken. Nun die rechte und linke zusammennähen, aber jeweils etwa 8 cm vor der Unterseite enden und schräg über die Ecken nähen (siehe Foto b).

TIPP

Wenn du im Nähen mit der Nähmaschine geübt bist, kannst du ein Garn in einer Kontrastfarbe einsetzen und so den Beutel mit einem kleinen Dekodetail versehen.

4. Anschließend die Ecken nicht zu nah an der Naht zurückschneiden und den Beutel auf rechts wenden. Den Beutel bügeln, nach Lust und Laune füllen und zum Schluss mit einem einfachen oder Doppelknoten schließen.

a.

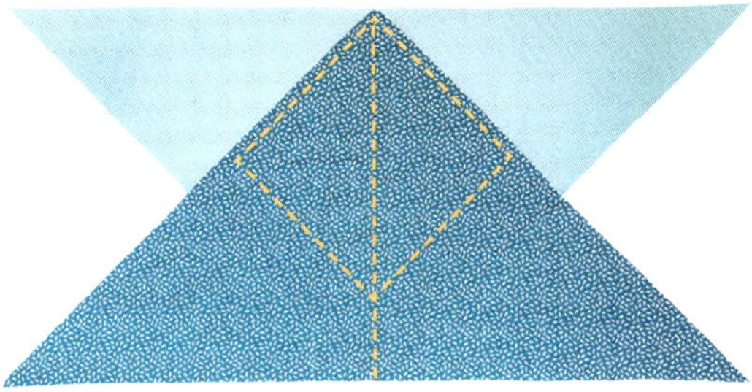

b.

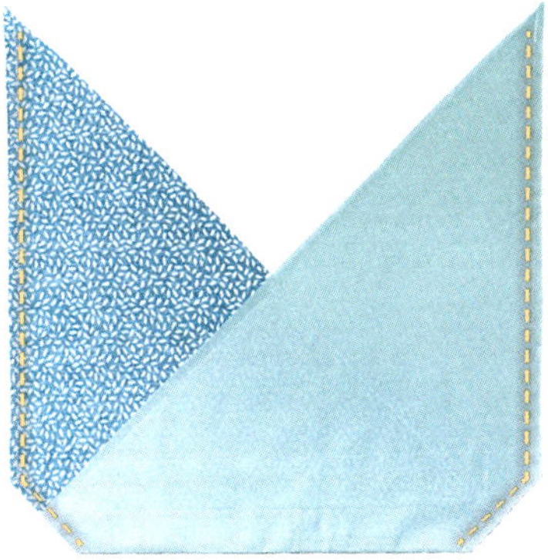

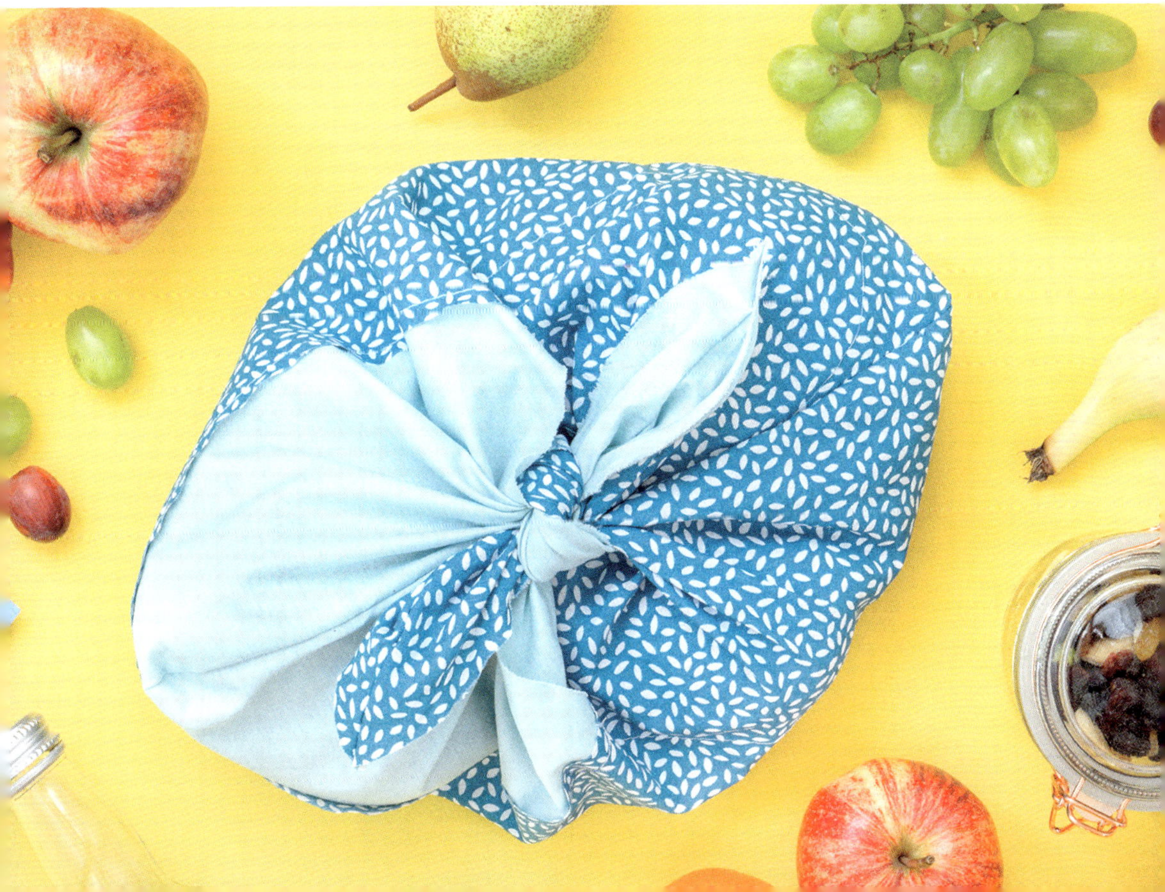

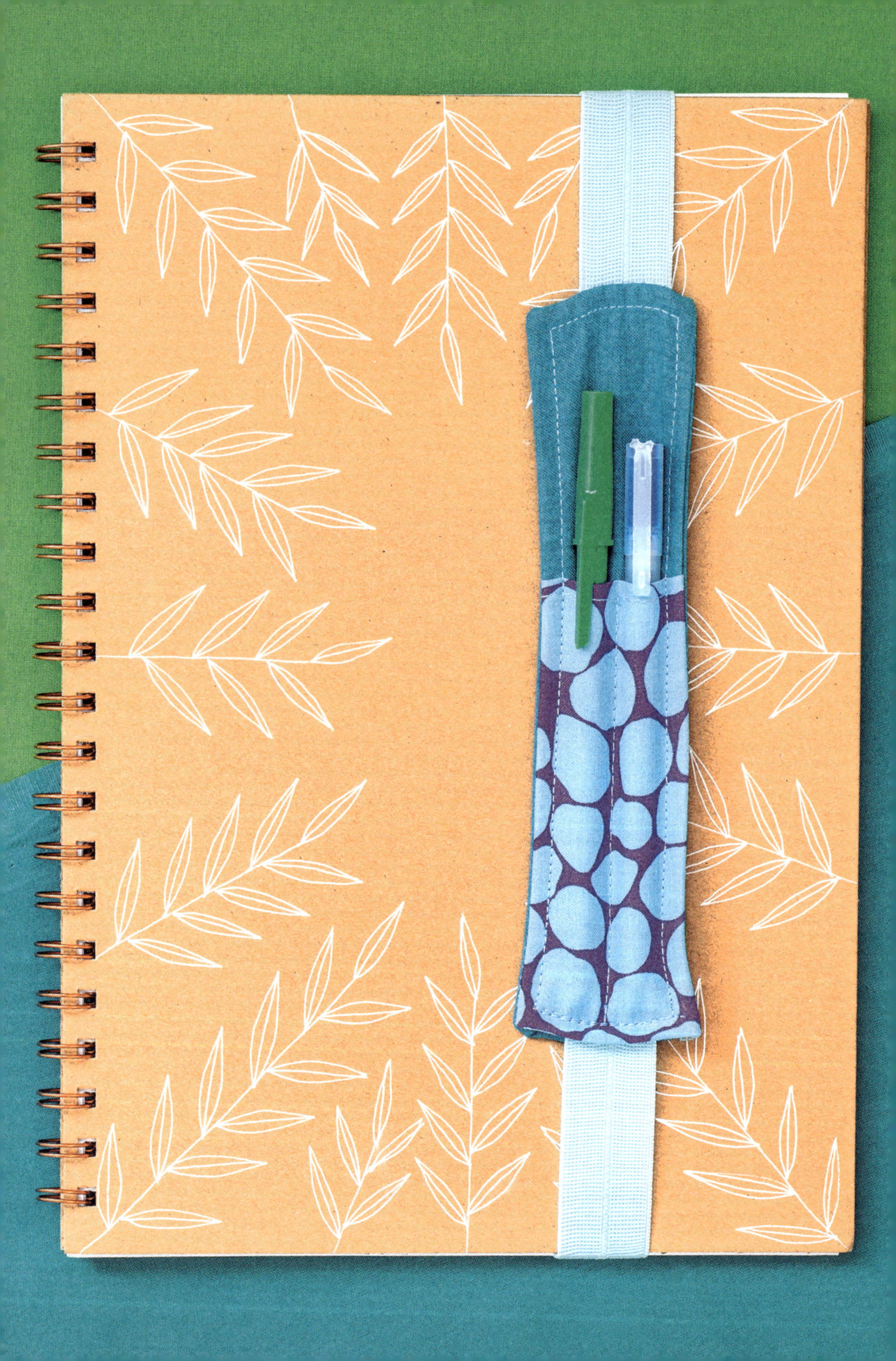

Lesezeichen mit Stiftfach

Für Bücherwürmer, die immer etwas zu lesen dabeihaben und sich Notizen machen wollen, ist dieses dauerhaft verwendbare Lesezeichen nicht nur eine hübsche Alternative zum Wollfaden. Das praktische Stiftfach und das Gummiband machen es auch zu einem nützlichen Geschenk für alle, die gerne Tagebuch führen. Das Band hier passt um ein A4-Notizbuch, aber du kannst die Größe nach den individuellen Bedürfnissen des glücklichen Empfängers variieren.

SO GEHT'S

Material

2 Stoffstreifen, je 6 cm x 20 cm für das Lesezeichen

1 Stoffstreifen, 6 cm x 25 cm für das Stiftfach

1 Gummiband, 2,5 cm x 35 cm

Nähmaschine oder Nadel und Faden

Stecknadeln

Bügeleisen

1. Den Stoffstreifen für das Stiftfach mittig falten, sodass die rechten Seiten (d. h. die Außenseiten) außen liegen. Glatt bügeln. Mit einer Nahtzugabe von 6 mm die gefaltete Kante (nicht die offene) nähen.

2. Jetzt alle Stoffteile aneinanderfügen. Mit einem Streifen für das Lesezeichen beginnen. Dieses mit der rechten Seite nach oben hinlegen und den Stiftfach Streifen mit der rechten Seite darauflegen, sodass die genähte Kante fast in der Mitte liegt.

3. Das Gummiband darauflegen, dabei ein Ende an der Kante des unten liegenden Streifens ausrichten und darauf achten, dass es mittig liegt (siehe übernächste Seite Foto a). Dann den anderen Streifen für das Lesezeichen mit der rechten Stoffseite nach unten darauflegen und alle Stofflagen feststecken.

4. Mit einer Nahtzugabe von 6 mm zusammennähen, dabei die Unterseite, wo das Gummiband herausragt, offen lassen. Nahtanfang und -ende sichern, damit sich die Naht beim Wenden nicht löst (siehe Foto b).

5. Die Nahtzugabe an den Ecken zurückschneiden und das Lesezeichen auf rechts wenden, dabei mit einem Essstäbchen oder Stift die Ecken ausformen.

6. Die untere offene Kante einschlagen und das Lesezeichen glatt bügeln. Dann das andere Ende des Gummibands in das offene Ende des Lesezeichens schieben, dabei darauf achten, dass es sich nicht verdreht. Das Lesezeichen an der Unterseite absteppen, damit das Gummiband nicht verrutscht, dann das gesamte Lesezeichen rundum absteppen (siehe Foto c).

7. Zum Schluss eine Naht in der Mitte des Stiftfachs nähen, damit zwei Stiftfächer entstehen. Jetzt kann das Lesezeichen an einem Notizbuch oder Buch angebracht werden.

TIPP

Für ein besonderes Geschenk kannst du noch zwei hübsche Stifte in das Fach stecken, bevor du das Lesezeichen überreichst.

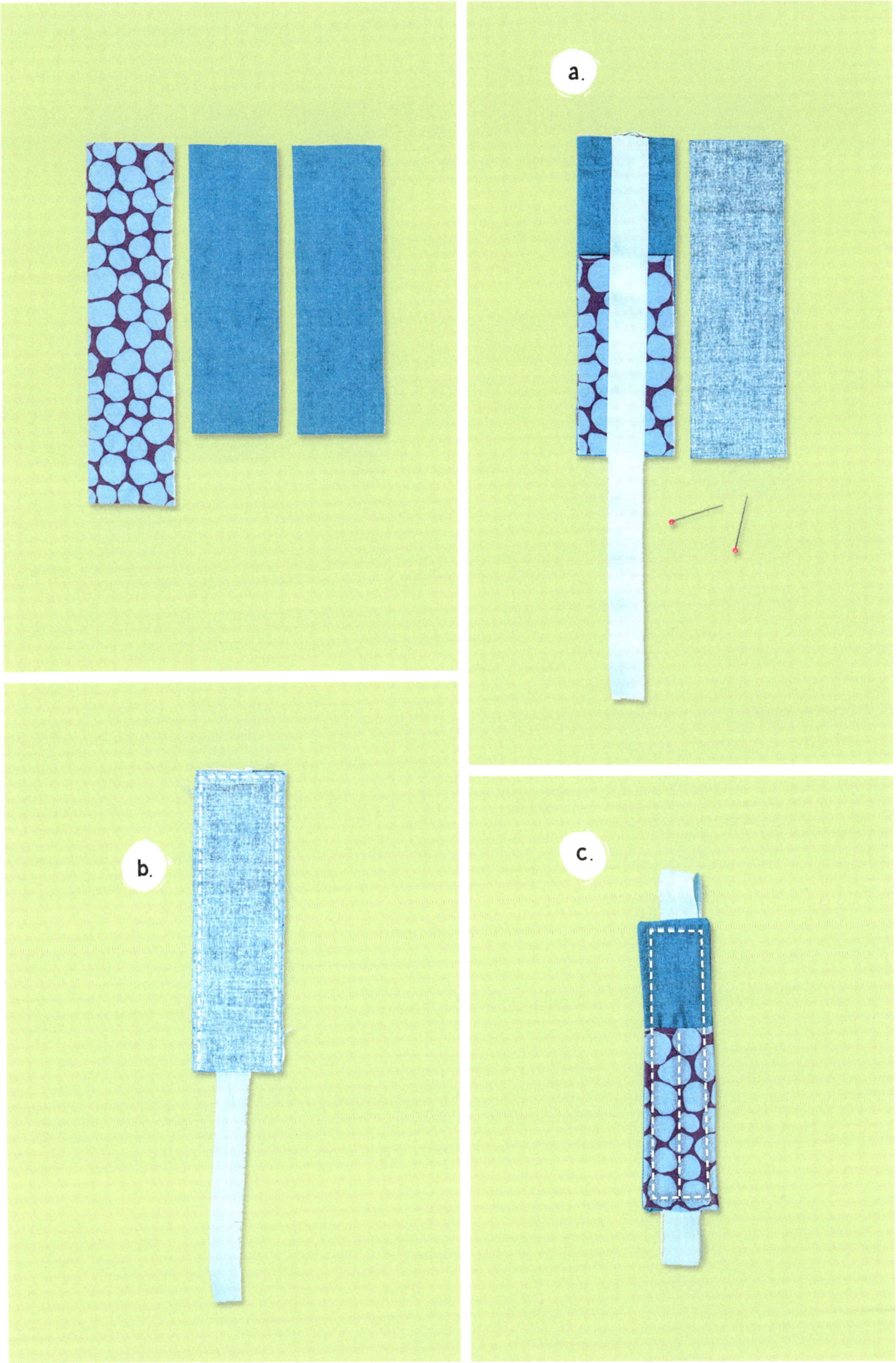
a.
b.
c.

Utensilo für Mal- und Bastelmaterial

Das perfekte Geschenk zum Ordnunghalten für kreative Freunde! Dieses Stoffetui hält alle Stifte, Bleistifte und Pinsel fest zusammen. Für eine besondere Überraschung kannst du es vor dem Einpacken mit Mal- oder Bastelzubehör füllen.

SO GEHT'S

Material

Stoff, 2 x 45 cm x 25 cm für die Außen- und Innenseite

Stoff, 45 cm x 28 cm für die Tasche

Bügelvlies, 45 cm x 25 cm

Band, 50 cm lang

Lineal (optional)

Bügeleisen

Nähmaschine

Stecknadeln

1. Das Bügelvlies auf die Rückseite des Innenstoffs bügeln.
2. Den Stoff für die Tasche längs mittig falten und bügeln. An der Faltkante knappkantig absteppen (siehe Seite 87 Foto a).
3. Die gefaltete Tasche rechts auf rechts auf den Innenstoff legen, dabei liegt die offene Taschenkante an der Unterkante des Innenstoffs, und feststecken (siehe Seite 87 Foto b).
4. Mit Bleistift und Lineal auf der Rückseite des Innenstoffs (Bügelvlies) die Position der Taschenfächer markieren. Am besten fertigt man sich eine Schablone dafür an und zeichnet darauf die einzelnen Fächer ein (siehe Seite 87 Foto c). Wenn du einen Stoffmarker hast, kannst du natürlich auch damit auf der Vorderseite zeichnen, aber es ist einfacher auf dem Vlies auf der Rückseite.

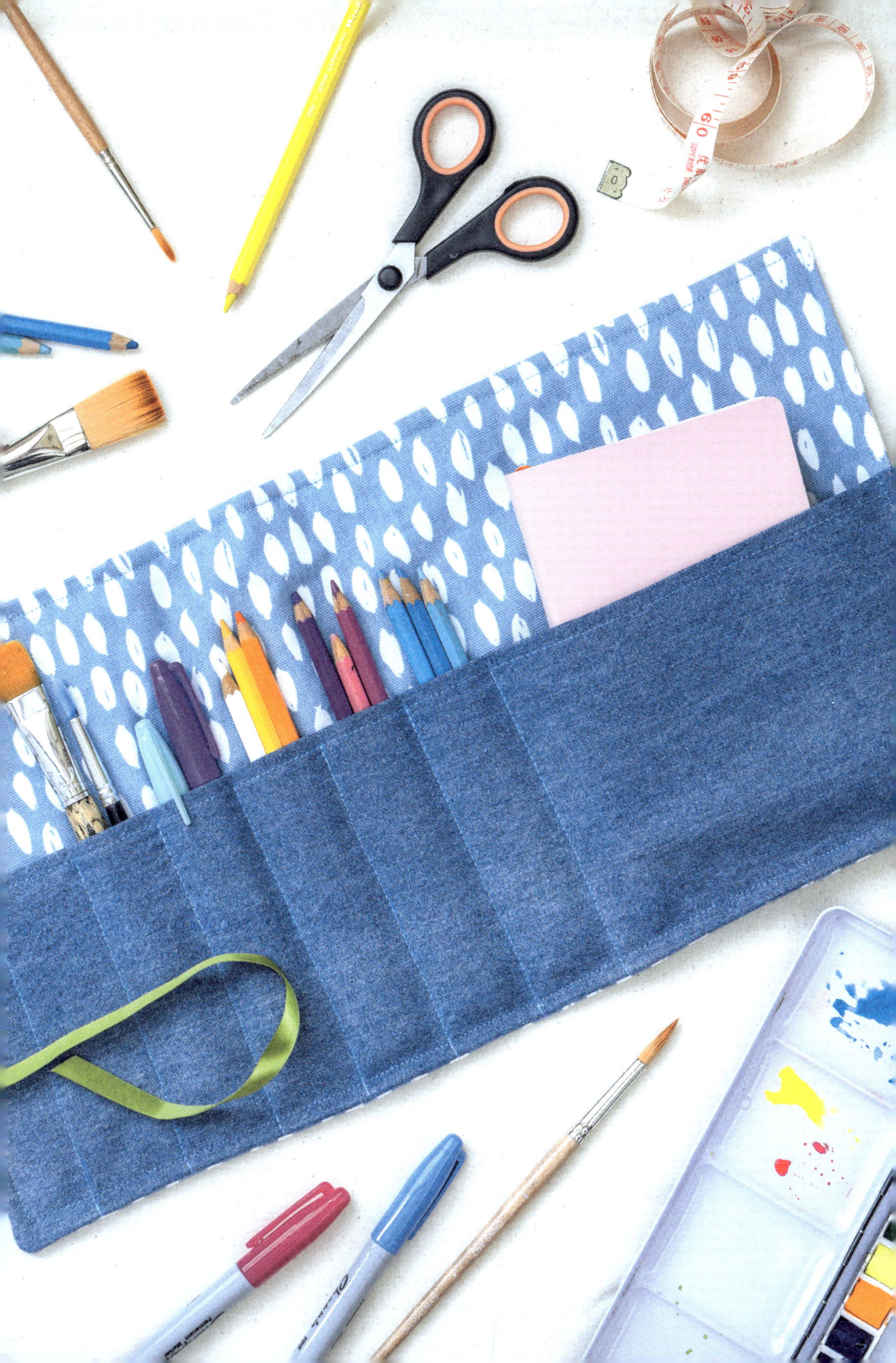

5. Dann auf den aufgezeichneten Linien nähen und das Utensilo in einzelne Fächer für Stifte und für ein Notizbuch unterteilen. Am Nahtanfang und -ende stets die Naht durch Rückstiche sichern und zum Schluss lose Fadenenden abschneiden (siehe Foto d).

6. Das Band mittig halbieren und eine Hälfte auf der linken, die andere auf der rechten Seite an der Stelle, wo die Tasche auf den Innenstoff trifft, feststecken. Dabei zeigen die Bandenden nach innen. Die Außenkante der Tasche feststeppen (siehe Foto e).

7. Den Außenstoff rechts auf rechts auf den Innenstoff mit der Tasche legen (sodass die Außenseiten zueinanderzeigen) und rundum mit 1 cm Nahtzugabe feststeppen. Dabei oben eine 10 cm breite Wendeöffnung lassen. Darauf achten, dass die Bänder in der Mitte liegen und nicht mitgefasst werden.

8. Die Nahtzugaben an den Ecken zurückschneiden und das Utensilo wenden. Die Ecken mithilfe eines Stifts ausformen.

9. Glatt bügeln und den Rand rundum absteppen, dabei die Öffnung schließen.

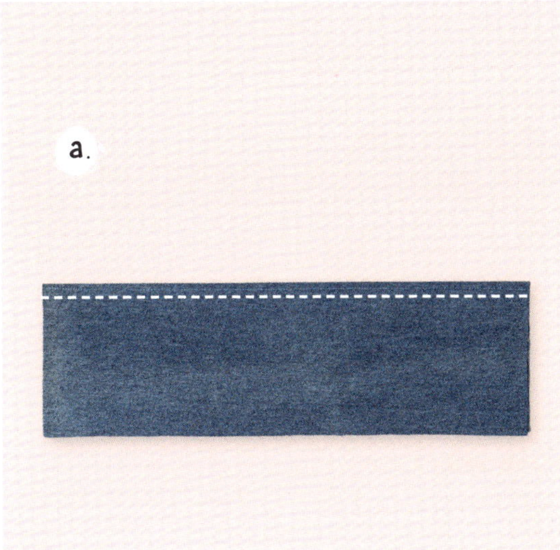
a.

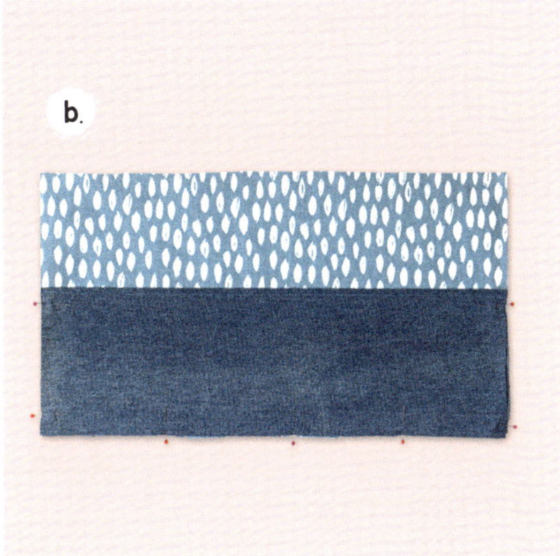
b.

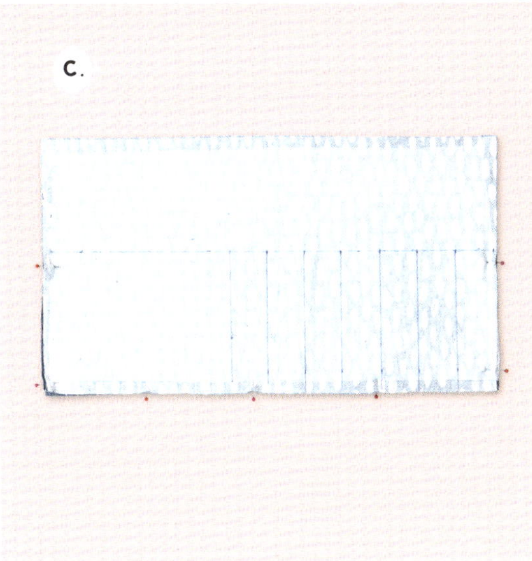
c.

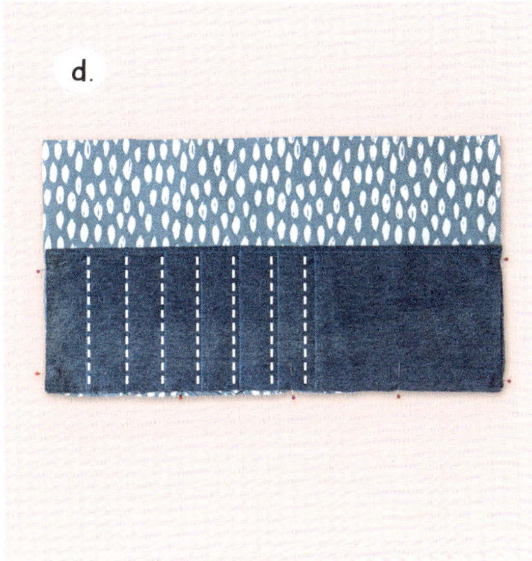
d.

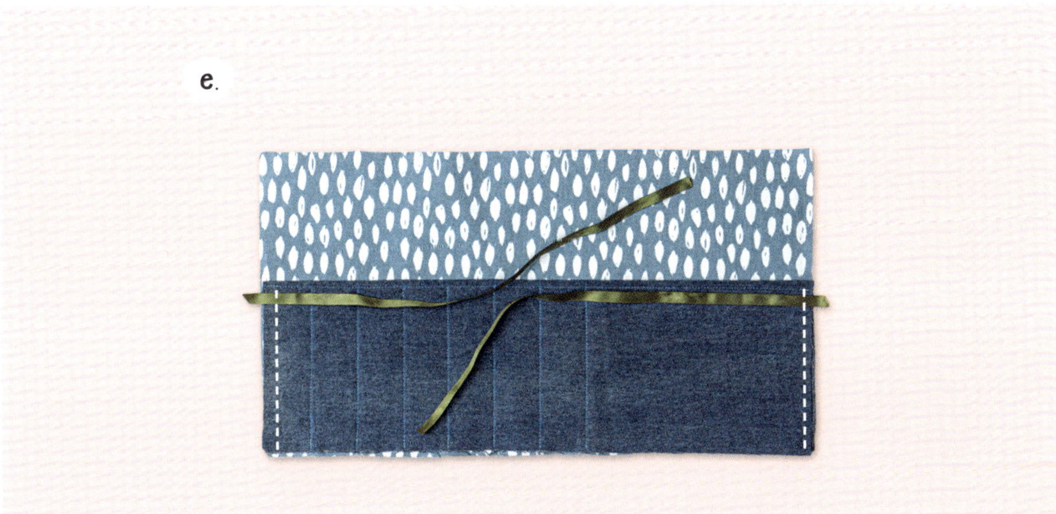
e.

Reisepass-Hülle

Reiselustige freuen sich sehr über diese persönliche Gabe, wenn sie das nützliche, umweltfreundliche Etui, das so liebevoll und sorgsam genäht wurde, in Händen halten.

Material

3 verschiedene Stoffarten:

Stoff 1 (gemustert):
1 x 25 cm x 30 cm und
2 x 15 cm x 12 cm

Stoff 2 (in Gelb):
2 x 15 cm x 25 cm, 2 x 15 cm x 20 cm

Stoff 3 (in Koralle):
1 x 25 cm x 30 cm,
2 x 15 cm x 25 cm

Gummiband, 25 cm lang

Nähmaschine

Bügeleisen

SO GEHT'S

1. Die längere Kante eines 15 cm x 12 cm großen Stücks von Stoff 1 und die kürzere eines 15 cm x 20 cm großen Stücks von Stoff 2 säumen (diese sind jeweils die Oberkanten).

2. Beide Stücke mit den rechten Seiten nach oben auf ein 15 cm x 25 cm großes Stück von Stoff 3 legen (siehe Foto a) und ein 15 cm x 25 cm großes Stück von Stoff 2 mit der rechten Seite darauflegen (d. h. die späteren Außenseiten sind jetzt verdeckt). Auf der rechten Seite von oben nach unten zusammennähen (siehe Foto b) und dann die obere Stofflage (Stoff 2) umklappen, sodass die linken Seiten aufeinanderliegen. Glatt bügeln.

3. Die gebügelte rechte Seite jetzt absteppen. Dies ist die linke Seite der Hülle. Für die rechte Seite die Schritte 1–3 wiederholen, aber diesmal die Stofflagen auf der linken Seite zusammennähen und dann die obere Lage umklappen. Bügeln und die linke Seite absteppen.

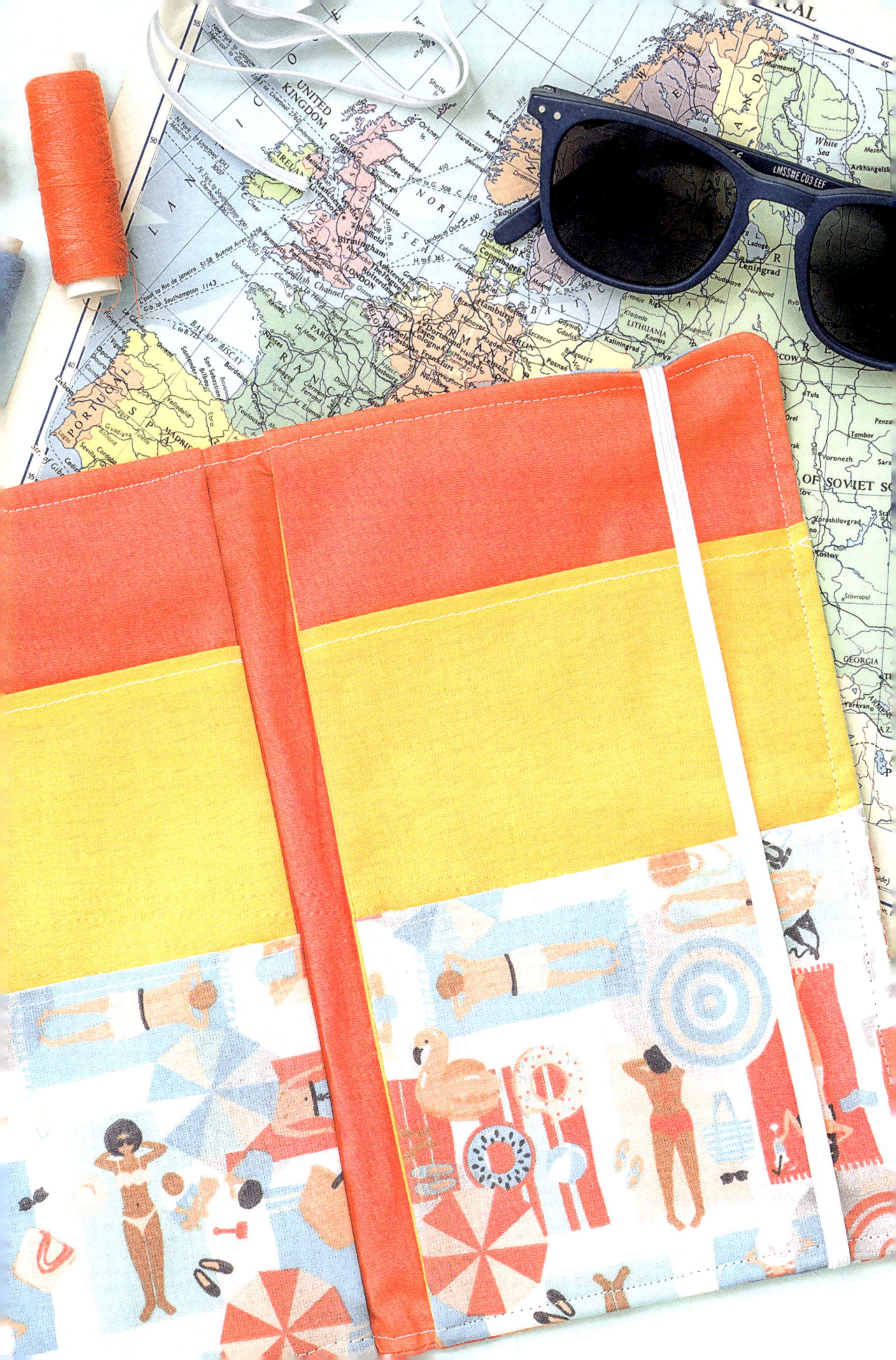
UNITED KINGDOM
BAY OF BISCAY
LONDON
PARIS
BERLIN
Hamburg
Copenhagen
LITHUANIA
Leningrad
White Sea
OF SOVIET SO
GEORGIA
MADRID

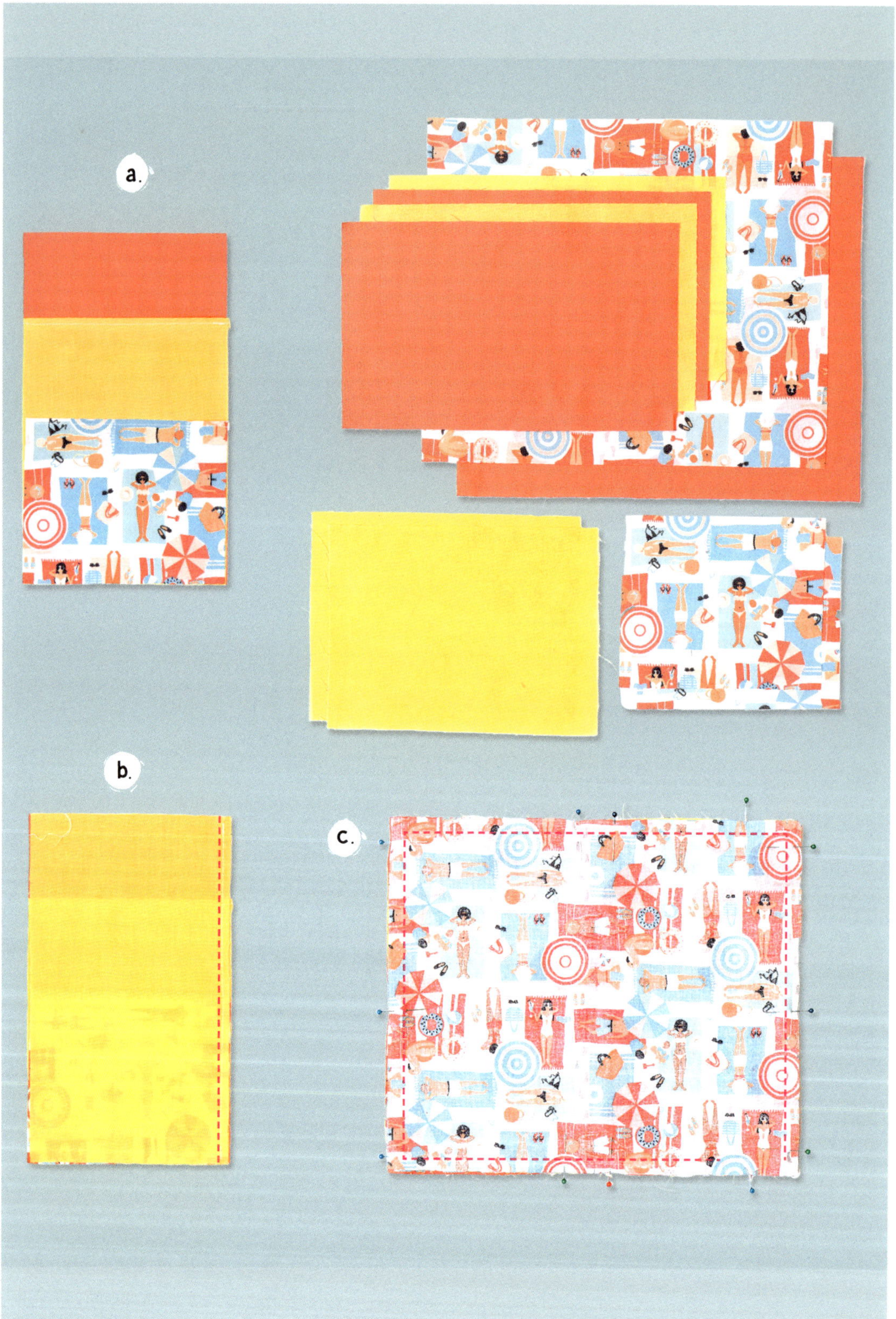
a.
b.
c.

TIPP

Für ein aufmerksames Geschenk könntest du Erinnerungsstücke von einem besonderen Urlaub mit einem Partner oder Freund hineinlegen.

d.

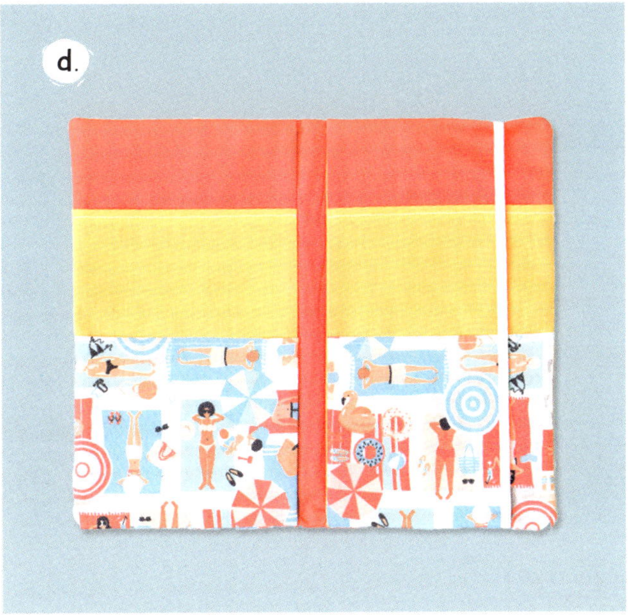

4. Das 25 cm x 30 cm große Stück aus Stoff 3 mit der rechten Seite nach oben hinlegen. Die rechte und die linke Tasche der Hülle mit der rechten Seite nach oben darauflegen. Die Kanten und Ecken aneinander ausrichten. Das Gummiband auf der rechten Seite etwa 4 cm neben der Außenkante längs darauflegen.

5. Das 25 cm x 30 cm Stück aus Stoff 1 mit der rechten Stoffseite nach unten darauflegen und feststecken. Den Rand rundum festnähen, dabei eine kleine 5 cm breite Wendeöffnung lassen (siehe Foto c).

6. Die Hülle wenden und glatt bügeln. Die Außenkanten rundum abstecken und dabei Nahtzugaben an der Öffnung nach innen legen. Darauf achten, dass nicht über das Gummiband genäht wird (siehe Foto d).

Schlüsselanhänger mit Fransen

Dieser farbenfrohe und witzige Schlüsselanhänger mit Fransen ist einfach herzustellen. Er ist das perfekte Geschenk für eine Freundin, die immer ihre Schlüssel verliert. Oder du hängst ihn an eine schlichte Handtasche und machst diese so unverwechselbar.

Material

Baumwollkordel, 22 cm lang und 4–6 mm dick

Schlüsselring und Verbindungsring oder -kette

Stickgarn (3–4 verschiedene Farben)

Sticknadel

Washi Tape

Bleistift

Zange (optional)

SO GEHT'S

1. Die Kordel mittig falten und die beiden Hälften mit einer Nadel fixieren. Die beiden Enden, aus denen später die Fransen entstehen, jeweils mit Washi Tape umwickeln. Den Schlüsselring oben an der Kordel befestigen (eventuell den Verbindungsring mithilfe einer Zange öffnen und anbringen).
2. Mit einem Bleistift 5 cm vor jedem Kordelende eine Markierung als Anfangs- und Endpunkt der Umwicklungen anbringen.
3. Die Nadel entfernen und einen Faden aus der ersten Farbe um die Kordel wickeln. Das Fadenende mit einem Knoten sichern und dann auf die Kordel legen, dann wird sie beim Umwickeln abgedeckt und es sieht ordentlich aus.
4. Die Farbe des Stickgarns nach Belieben wechseln. Jedes Mal darauf achten, dass die Enden des alten und des neuen Fadens mit umwickelt und so gesichert werden. Den Faden so nah wie möglich an den Schlüsselring wickeln, damit die weiße Kordel nicht mehr durchscheint.

5. Weiter verschiedenfarbige Fäden um die Kordel wickeln, bis der markierte Endpunkt wieder erreicht wird (beide Seiten sollten gleich aussehen). Dann mit einem Faden in einer neuen Farbe beide Kordelenden direkt unterhalb der Schlaufe etwa 1 cm breit umwickeln.

6. Das Fadenende in die Nadel fädeln und mehrmals durch die Baumwollkordel stechen und vernähen.

7. Das Tape von den Kordelenden entfernen und mit einem Kamm oder mit den Fingern die Enden lösen, damit Fransen entstehen. Diese auf eine Länge zurückschneiden.

TIPP

Für einen Mini-Schlüsselanhänger Stickgarn anstelle von Kordel verwenden (siehe ganz linker Schlüsselring).

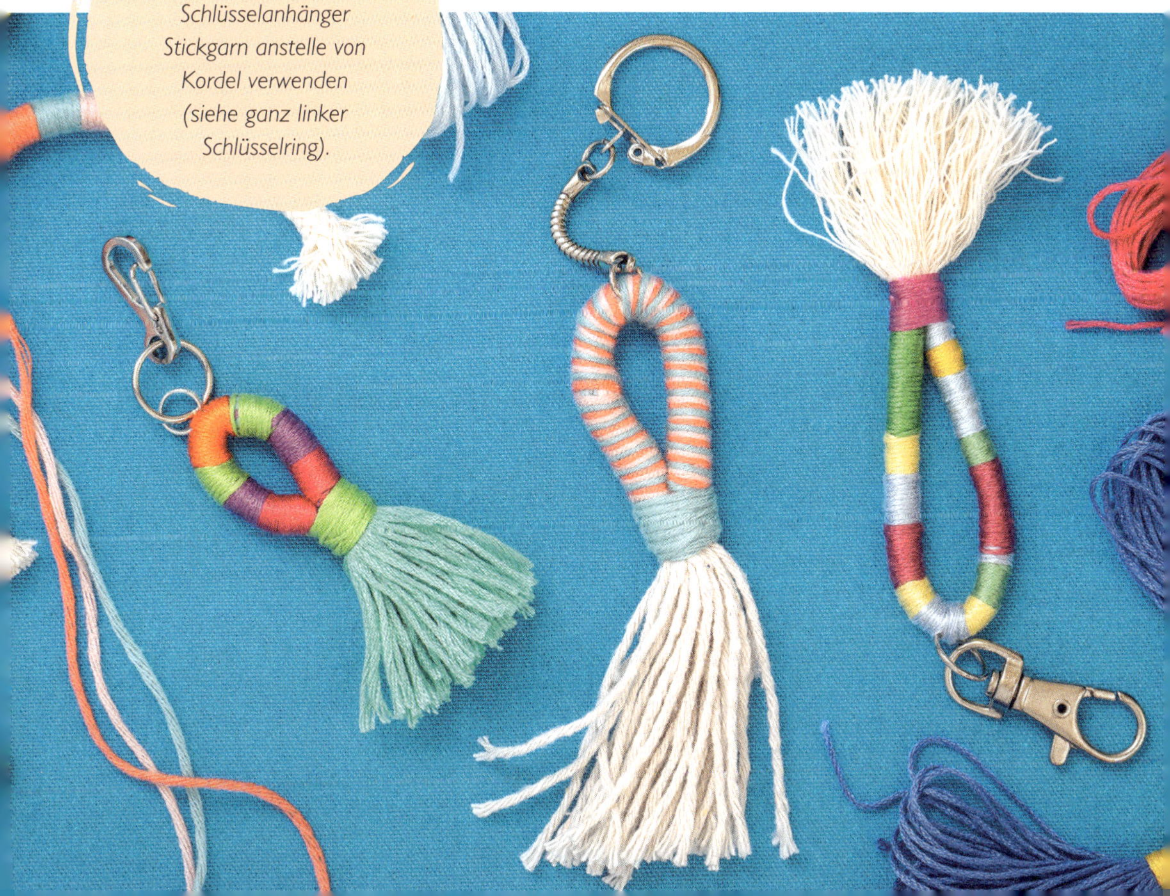

Lavendel-Kerze

Regenbogen-Deko

Holzuntersetzer

Hübsche Küchenutensilien

Klassische Kerzenständer

Wimpel-Girlande

Hängende Herzen

Fadenbild mit Herz

Feierliche Anlässe

Unsere Liebsten sollten bei jeder Gelegenheit gefeiert werden. Diese Geschenke inspirieren dich vielleicht, ihnen auf kreative Weise Danke zu sagen oder deine Party Instagram-würdig aussehen zu lassen.

Die Lavendel-Kerze schmückt perfekt einen für ein Abendessen gedeckten Tisch oder du schenkst sie einem gestressten Freund zur Beruhigung. Lass deiner Kreativität freien Lauf und verschönere als Einzugspräsent unentbehrliche Holzuntersetzer mit deinem Brandmalerei-Lötkolben. Und einem Hobbykoch mit Profi-Ambitionen könntest du ein paar selbst gemachte Utensilien schenken.

Für deine Dinnerparty sind die DIY-Kerzenleuchter mit Innenleben ein fröhlicher Blickfang. Und die Wimpel-Girlande ist das perfekte Accessoire, um deinem Fest den letzten Schliff zu verpassen. Im Alltag zaubert sie eine heitere Atmosphäre ins Homeoffice oder ergibt am Kopfende angebracht eine farbenfrohe Dekoration im Schlafzimmer.

Lavendel-Kerze

Diese natürliche, selbst gemachte Kerze sieht hübsch aus und duftet angenehm – in jeglicher Hinsicht ein ideales Geschenk! Probiere auch andere getrocknete Blüten und ätherische Öle dafür aus und fertige mehrere angenehm duftende Natur-Kerzen an.

Material

ein gebrauchtes Glas (unseres hatte 320 ml Fassungsvermögen)

300 g Sojawachs

10–15 Tropfen ätherisches Lavendelöl

ein paar frische oder getrocknete Lavendelzweige

Kerzendocht, 15 cm lang

Wäscheklammer

SO GEHT'S

1. Den Lavendel zwischen zwei schweren Büchern pressen, bis die Blüten ganz flach und trocken sind (das kann ein paar Tage dauern). Die Stiele zurückschneiden, sodass sie 2,5 cm kürzer sind, als das Glas hoch ist.
2. Wasser in einem Topf bei mittlerer Temperatur erhitzen und eine hitzebeständige Schale darüberhängen. Das Sojawachs hineingeben und schmelzen lassen.
3. Einen Lavendelzweig vorsichtig in das geschmolzene Wachs tauchen und innen an die Glaswand kleben. Wenn nötig mit einem alten Pinsel den Lavendel und das Glas mit Wachs bestreichen, damit der Zweig besser hält. Auf diese Weise alle Lavendelzweige rund um die Glasinnenwand anbringen.

4. Einen Docht mit dem Dochthalter mittig in das Glas setzen. Eine Wäscheklammer quer über den Glasrand legen und den Docht damit fixieren.

5. Das ätherische Öl zum geschmolzenen Wachs geben und sorgfältig unterrühren. Wenn es etwas fest geworden ist, kann es noch einmal erwärmt werden. Dann in das Glas gießen. Das Wachs 48 Stunden fest werden lassen und anschließend den Docht zurückschneiden.

TIPP

Nimm die Lieblingsblumen oder -kräuter des Beschenkten und dekoriere die Kerze damit. Achte aber darauf, dass sie vollständig ausgetrocknet sind, bevor du loslegst.

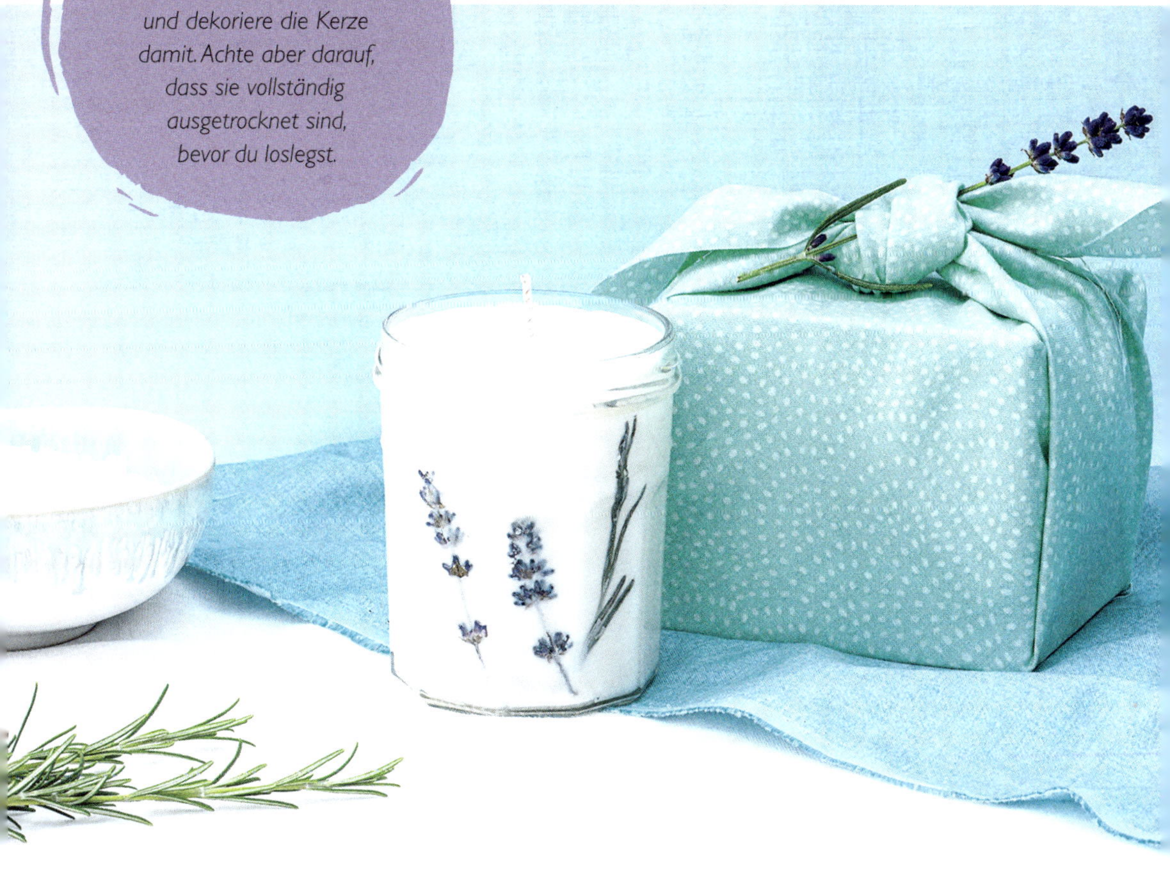

Regenbogen-Deko

Schenke Freude mit der farbenfrohen Regenbogen-Deko zum Aufhängen. Du kannst dafür auch einfach alte Wollreste verwenden und die Deko entsprechend variieren. Experimentiere mit verschiedenen Größen der Regenbögen und der Farbkombination – damit lässt sich eine kahle Wand prima aufheitern.

SO GEHT'S

Material

Baumwollkordel, 1 cm dick; für einen äußeren Bogen von etwa 65 cm braucht man insgesamt 2,50 m

ein Knäuel Bio-Baumwolle für jeden Bogen – in beliebiger Farbe

Nadel

Washi Tape

dünner Draht; etwas weniger als die Länge der Baumwollkordel

1. Ein Stück Kordel in der Größe des oberen Bogens zuschneiden. Dieser kann beliebig groß oder klein sein. Man sollte nur bedenken, dass unter einen zu kleinen Bogen nicht mehr viele andere passen, man aber andererseits mehr Garn braucht, je größer der Regenbogen wird.
2. So viele Bögen, wie darunter angeordnet werden sollen, zuschneiden (man muss nicht bei den traditionell sieben Farben bleiben!). Die Enden mit Washi Tape abkleben, damit sie nicht ausfransen.
3. Mit einem Bleistift die Anfangs- und Endpunkte der Umwickelung an den Bögen markieren, damit sie gleichmäßig aussehen. Dann den Draht etwas kürzer als den umwickelten Abschnitt zuschneiden.

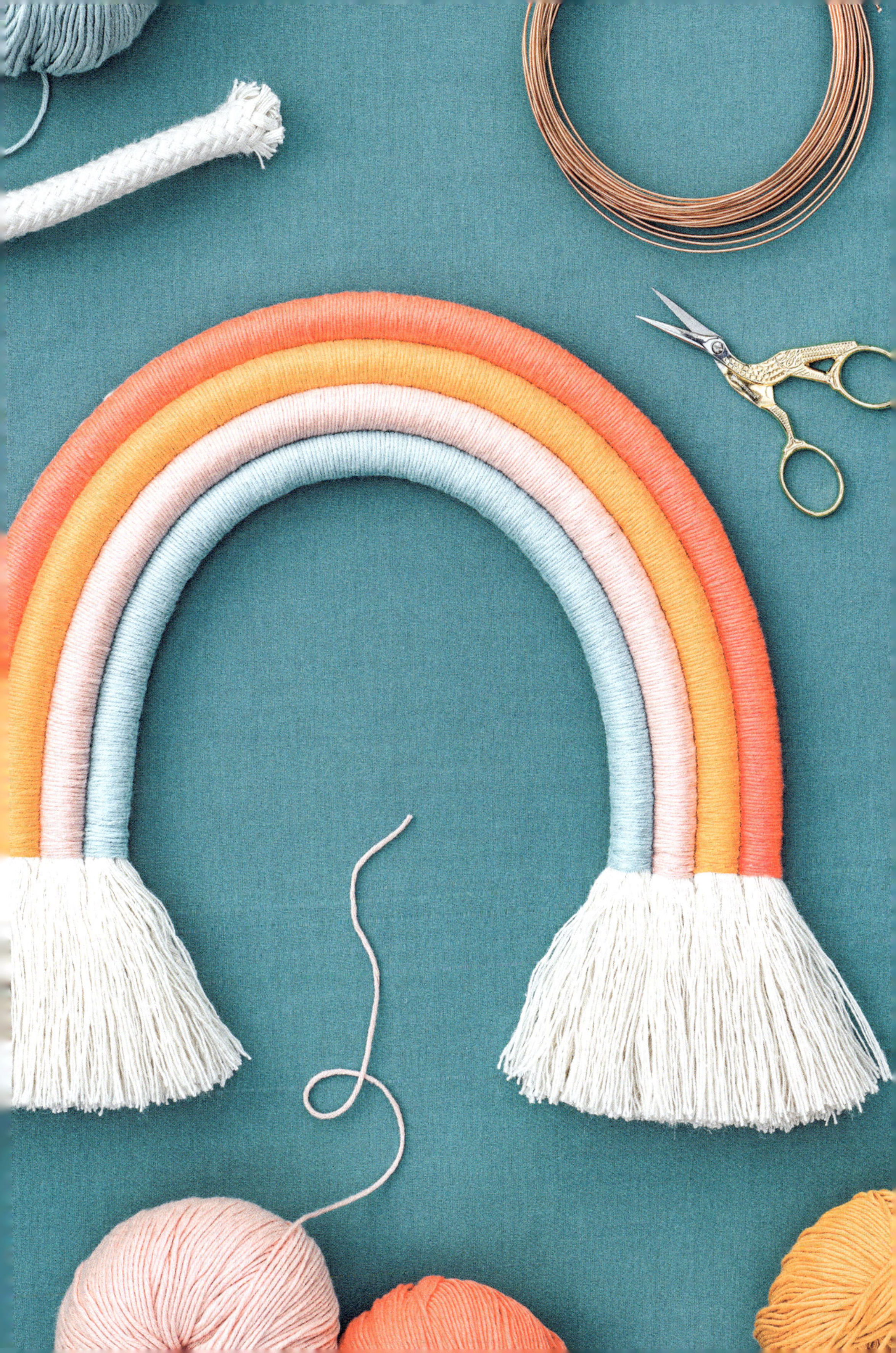

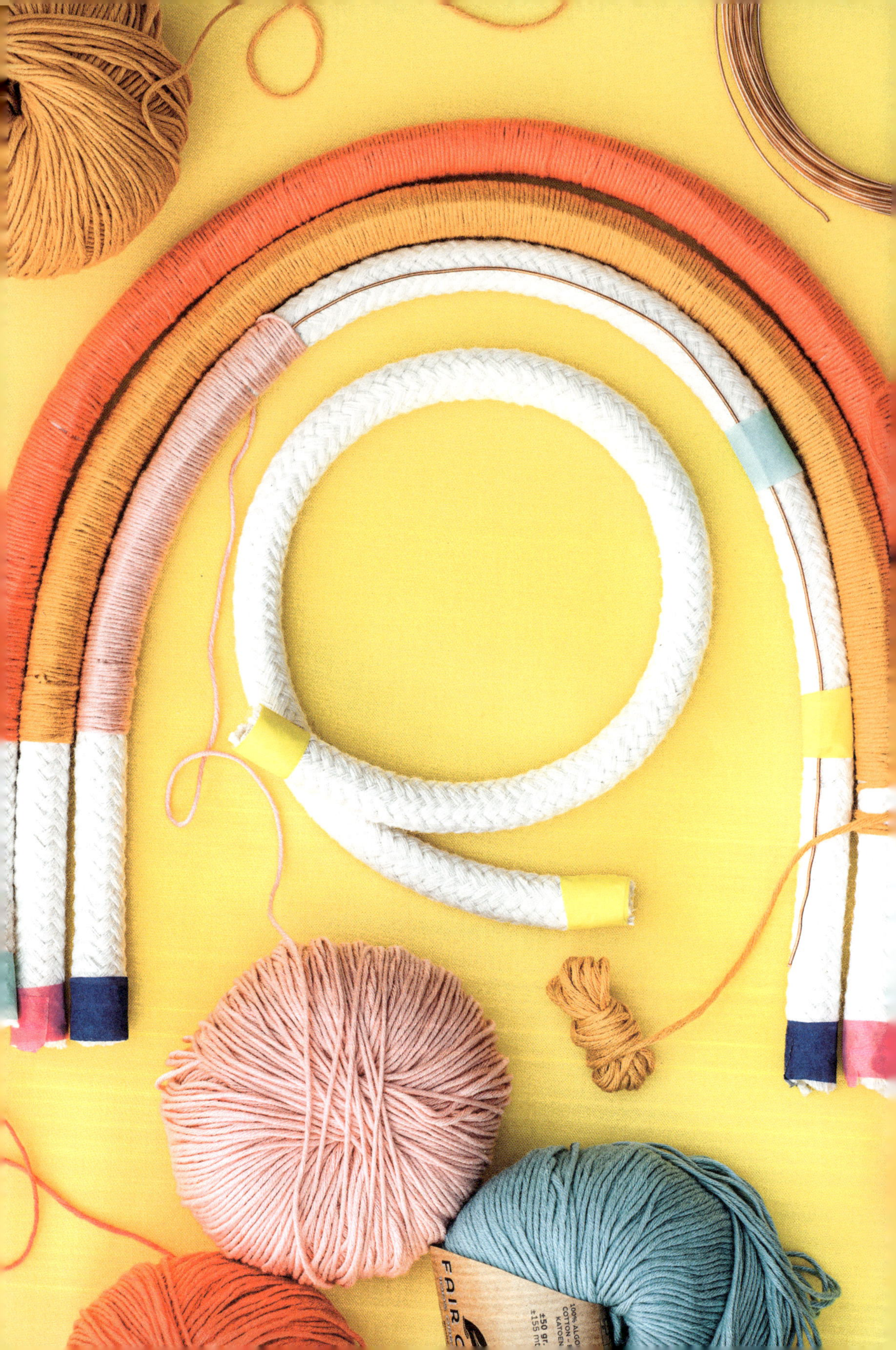

4. Die erste Kordel zusammen mit dem Draht in Form biegen. Am markierten Anfangspunkt beginnen, die Wolle oder das Garn um die Kordel und den Draht wickeln. Wenn ein neuer Faden genommen werden muss, das Ende des alten in die Umwickelung einarbeiten und auf diese Weise sichern. Darauf achten, dass diese Stelle hinten liegt und die Vorderseite ordentlich aussieht.

5. Kordel und Draht bis zum markierten Endpunkt umwickeln. Das Ende erst sichern, wenn alle Bögen umwickelt sind, damit die Umwickelung noch angepasst werden kann. Alle Bögen auf diese Weise umwickeln. Wenn die Umwickelungen bei den aufeinandergelegten Bögen gleichmäßig sind, die Fadenenden in der Kordel vernähen und dann zurückschneiden, damit sie nicht mehr zu sehen sind.

6. Mit Nadel und Faden die Bögen aneinandernähen. Dafür von oben nach unten im Zickzack durch alle Kordeln des Regenbogens nähen. Die Enden mit einem kleinen Knoten sichern oder durch die Umwickelung ziehen und unsichtbar vernähen.

7. Auf der Rückseite am zweiten Bogen von oben mit Stickgarn eine kleine Schlaufe zum Aufhängen annähen.

8. Für die Fransen das Washi Tape von den Kordelenden abnehmen, die einzelnen Garne voneinander lösen und auf dieselbe Länge zurückschneiden.

Holzuntersetzer

Dieser Satz individuell gestalteter Untersetzer ist optimal, um deinen Frühstückssaft darauf abzustellen. Aber er ist auch ein tolles personalisiertes Geschenk für stolze Wohnungseigentümer. Mithilfe der Brandmalerei, der Kunst, Holz mit einem speziell entwickelten Stift zu verzieren, kannst du ein einzigartiges Design kreieren.

Material

5 Holzscheiben von einem gefällten Ast, etwa 10 cm Durchmesser (wenn die Holzscheiben nicht selbst geschnitten werden können, kann man sie auch günstig im Internet erwerben)

Bleistift

Pauspapier

Brandmalerei-Lötkolben

SO GEHT'S

1. Den Umriss der Holzscheibe auf Pauspapier übertragen und das gewünschte Muster in der richtigen Größe aufzeichnen.
2. Das Pauspapier umdrehen und das Muster auf das Holz übertragen, dafür mit dem Bleistift fest über das Papier reiben.
3. Den Lötkolben aufwärmen und mit dem „Zeichnen" beginnen. Dabei den Kolben stetig bewegen, damit sich das Muster gleichmäßig auf dem Holz einbrennt.
4. Sollte das Muster zu dunkel gebrannt sein, kann man es aufhellen, indem man etwas mit Schmirgelpapier darüberfährt.
5. Den Vorgang wiederholen, bis alle fünf Untersetzer fertig sind. Für ein ganz besonderes Set am besten fünf unterschiedliche Muster realisieren.

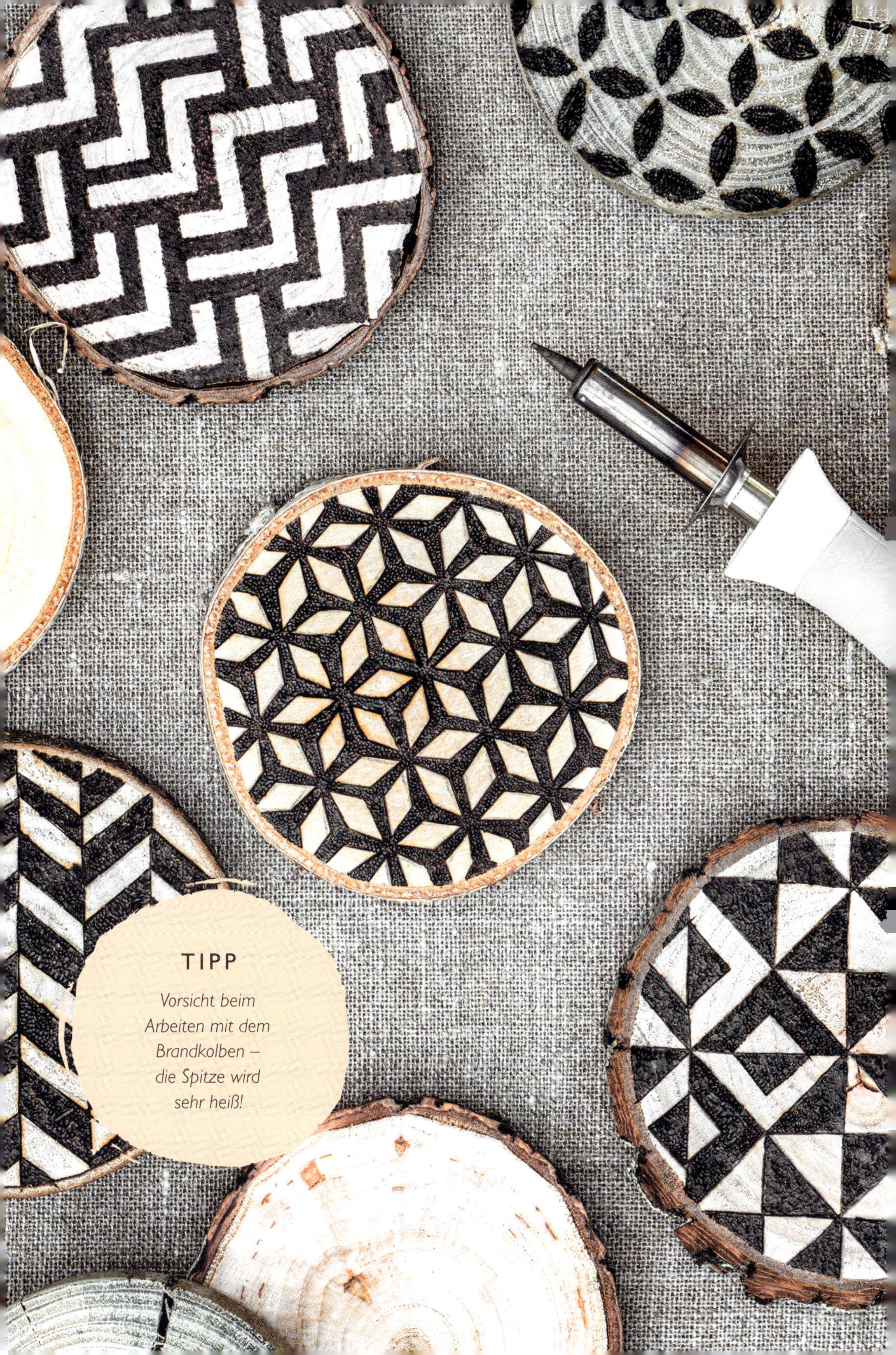

TIPP

Vorsicht beim Arbeiten mit dem Brandkolben – die Spitze wird sehr heiß!

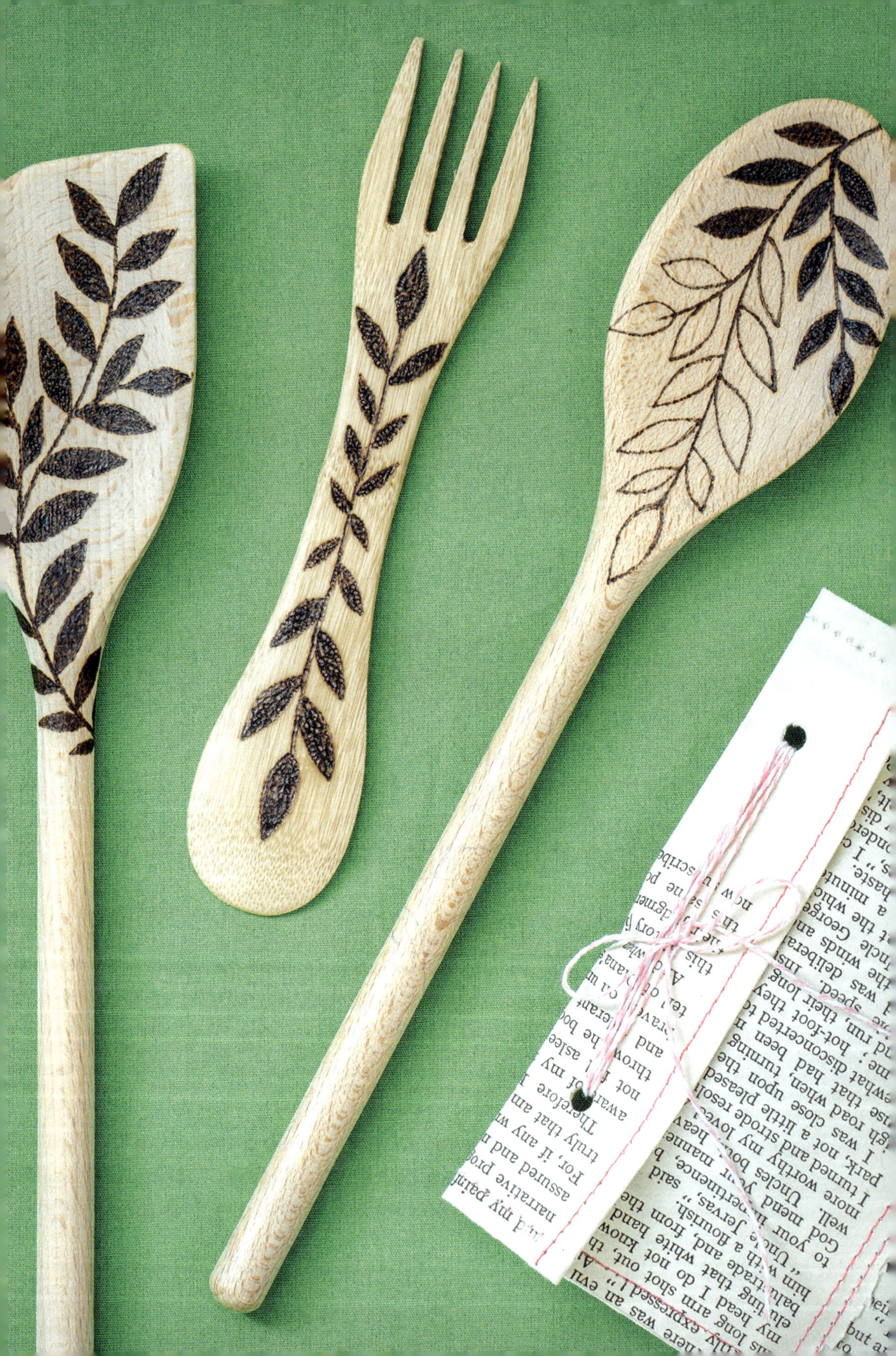

Hübsche Küchenutensilien

Verschönere das Glas mit den Küchenutensilien mit ein paar hübsch gestalteten Holzwerkzeugen, die zugleich praktisch und einzigartig sind. Mit einem Brandmalerei-Lötkolben kannst du ein natürliches Blattmuster aufgreifen. Oder du wirst selbst kreativ und experimentierst mit selbst ausgedachten Ornamenten, um einen einfachen Holzlöffel in ein ungewöhnliches Geschenk zu verwandeln.

SO GEHT'S

Material

Küchenutensilien aus Holz ober Bambus (Löffel, Salatbesteck, Spatel etc.)

Bleistift

Pauspapier

Brandmalerei-Lötkolben

Öl zum Behandeln (optional)

1. Den Umriss des Stücks, das verziert werden soll, auf Pauspapier übertragen und das Muster darauf aufzeichnen. Du kannst diesen Schritt aber auch auslassen und das Design direkt aus der freien Hand skizzieren.
2. Das Muster vom Pauspapier auf das Stück übertragen und dann mit dem Brandmalerei-Lötkolben nachfahren.
3. Für ein glänzendes, glattes Finish die Utensilien mit Walnuss-, Oliven-, Mandel- oder Leinöl einreiben.

Klassische Kerzenständer

Das Wunderbare an diesem eleganten, unaufdringlichen Kerzenständer liegt in seiner Schlichtheit und Anpassungsfähigkeit für jeden Anlass. Du kannst je nachdem unterschiedliche Glasgefäße wählen, mit allen Arten von Blattwerk experimentieren und dabei für einen stilvollen Abend nach Belieben variieren.

SO GEHT'S

Material

weiße Sojawachskerzen

ein paar Eukalyptuszweige (oder andere schöne Zweige aus der Natur)

Glasflaschen, z. B. klare Weinflaschen

1. Sammle in der Natur schöne Zweige für die Flasche oder besorge dir welche beim Floristen. Eukalyptus ist prima, weil er dem Kerzenständer einen Hauch von silbrigem Grün verleiht, dessen frischer Ton sich von dem reinen Weiß der Kerze abhebt.
2. Die Zweige zurückschneiden, damit sie gut in die Flasche passen. Nicht zu viel hineinfüllen – ein oder zwei Zweige reichen, je nach Größe des Behältnisses.
3. Dann falls nötig das untere Ende der Kerze anspitzen, damit sie gut auf die Flaschenöffnung passt.
4. Drei Glasflaschen bilden einen Hingucker, der nicht zu aufdringlich, aber je nach Anlass ein schöner Blickfang ist.

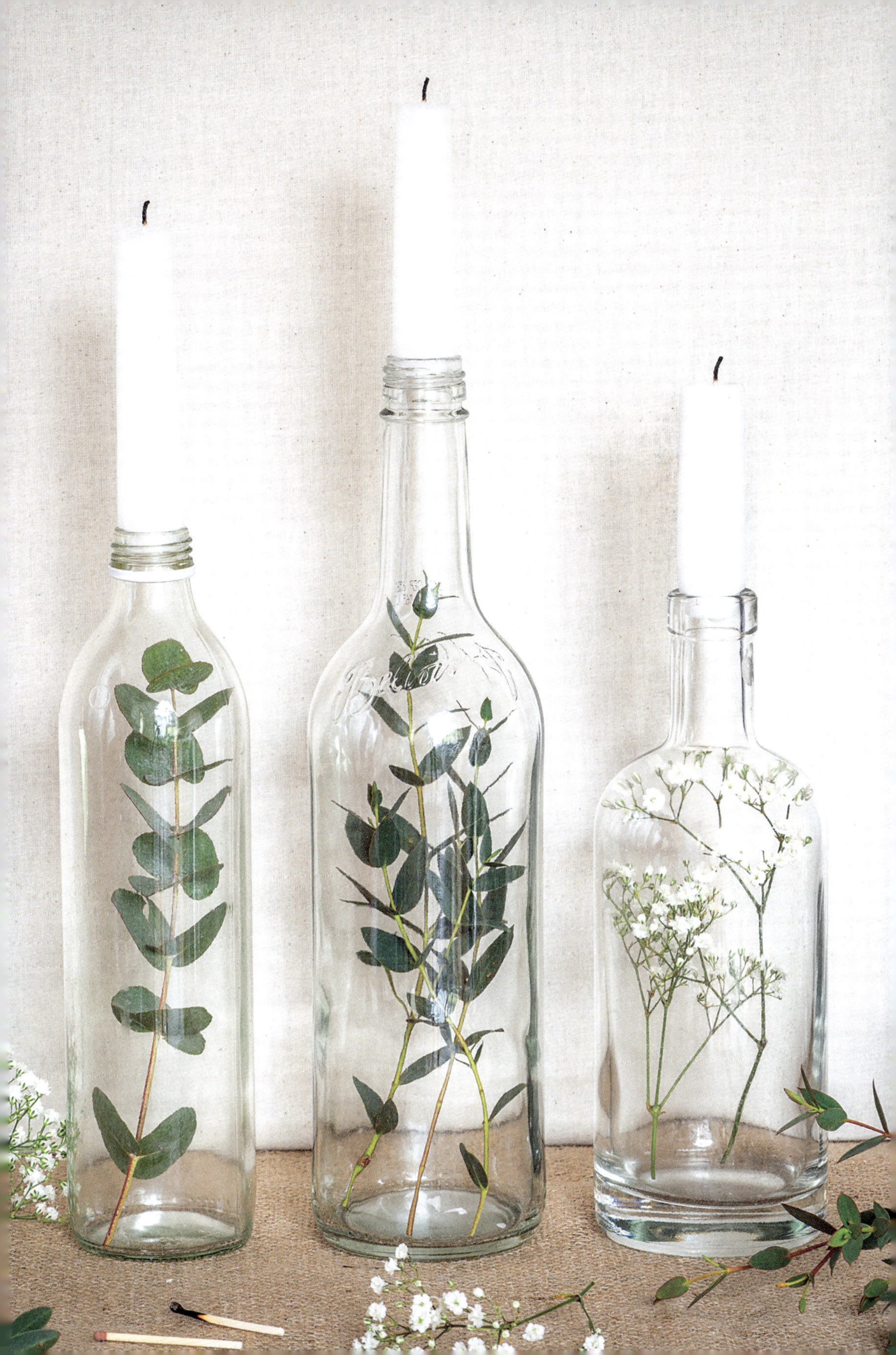

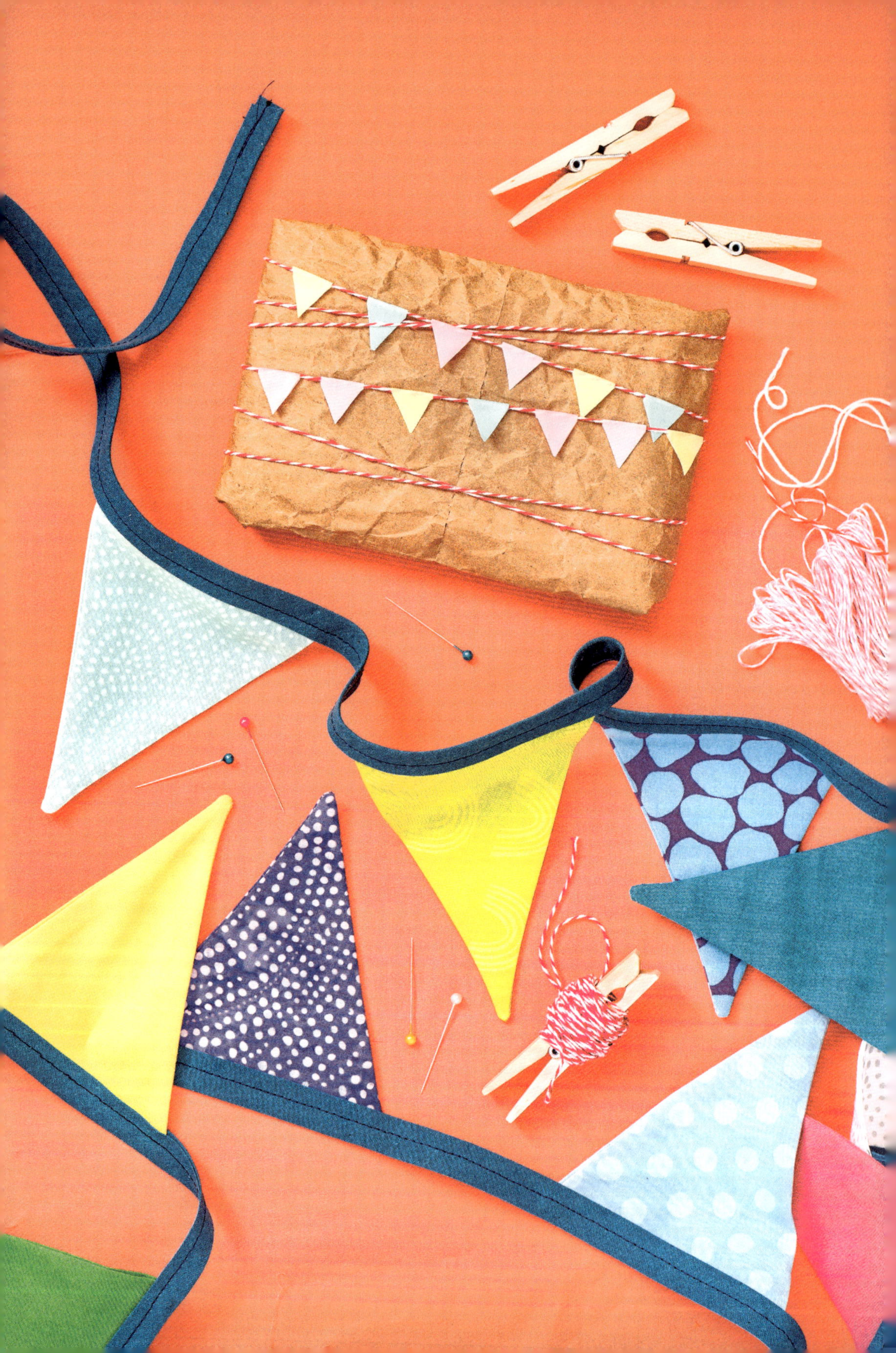

Wimpel-Girlande

Die Anfertigung dieser entzückenden Dekoration macht genauso viel Spaß wie das Aufhängen. Ein Haus ohne Wimpel-Girlande kommt uns fast ein wenig unvollständig vor, zumindest ruft der ein oder andere Anlass danach. Ob farbenfrohe Fähnchen für einen temperamentvollen Freund oder sanfte, beruhigende Töne für ein Homeoffice, diese selbst genähten Wimpel können ganz nach individuellem Zweck und Geschmack zusammengestellt werden.

Material

Stoffreste von beliebigen, nicht mehr benötigten Dingen, wie alten Kleidungsstücken, Tischdecken, Servietten etc.

Schrägband, 2 m lang (oder auch breites Band)

Nähmaschine oder Nadel und Faden

Stecknadeln

Papp- oder Papierrest für die Schablone

Bügeleisen

SO GEHT'S

1. Zuerst eine dreieckige Schablone aus Pappe oder Papier für die Wimpel anfertigen. Unser Dreieck hat eine Seitenlänge von je 12 cm, aber die Größe kann beliebig variiert werden. Die Schablone auf den Stoff stecken und diesen ausschneiden. Für 7 Wimpel werden 14 Dreiecke benötigt. Die Schablone möglichst platzsparend auf den Stoff legen, um Abfall zu reduzieren.
2. Zwei Dreiecke rechts auf rechts (d. h. mit den Außenseiten) aufeinanderstecken.
   So oft wiederholen, bis alle Dreiecke paarweise festgesteckt sind.
3. Die Dreiecke mit der Maschine oder von Hand mit 1 cm Nahtzugabe von der oberen Spitze nach unten und wieder auf der anderen Seite nach oben zusammennähen. Die obere Kante offen lassen.

4. Die Nahtzugabe an der unteren Spitze zurückschneiden, aber nicht die Naht beschädigen. Auf den Seiten ebenfalls überschüssigen Stoff zurückschneiden. Dann die Wimpel auf rechts wenden und glatt bügeln. Eventuell mithilfe eines Essstäbchens oder Stifts die Ecken ausformen. Schritt 3 und 4 mit allen Wimpeln wiederholen.

5. Das Schrägband mit der gefalteten Kante nach oben auf der Arbeitsfläche ausbreiten. Den ersten Wimpel daran feststecken, dabei 20 cm an einem Ende vom Schrägband stehen lassen. Das nächste Fähnchen im Abstand von 8 cm feststecken und so fortfahren, bis alle Fähnchen in gleichmäßigen Abständen angebracht sind.

6. Die obere Lage des Schrägbandes über die offenen Enden der Wimpel legen und feststecken. Dann von einem Ende zum anderen nähen und darauf achten, stets alle Stofflagen mitzufassen.

7. Die Enden des Schrägbandes zu einer kleinen Schlaufe legen und festnähen. Die Girlande noch einmal bügeln und aufhängen.

TIPP

Wenn du mehr Wimpel an der Girlande befestigen willst, kannst du den Abstand dazwischen verkleinern, oder du kannst auch größere oder kleinere Fähnchen anfertigen. Die Girlande kann ganz leicht beliebig angepasst werden.

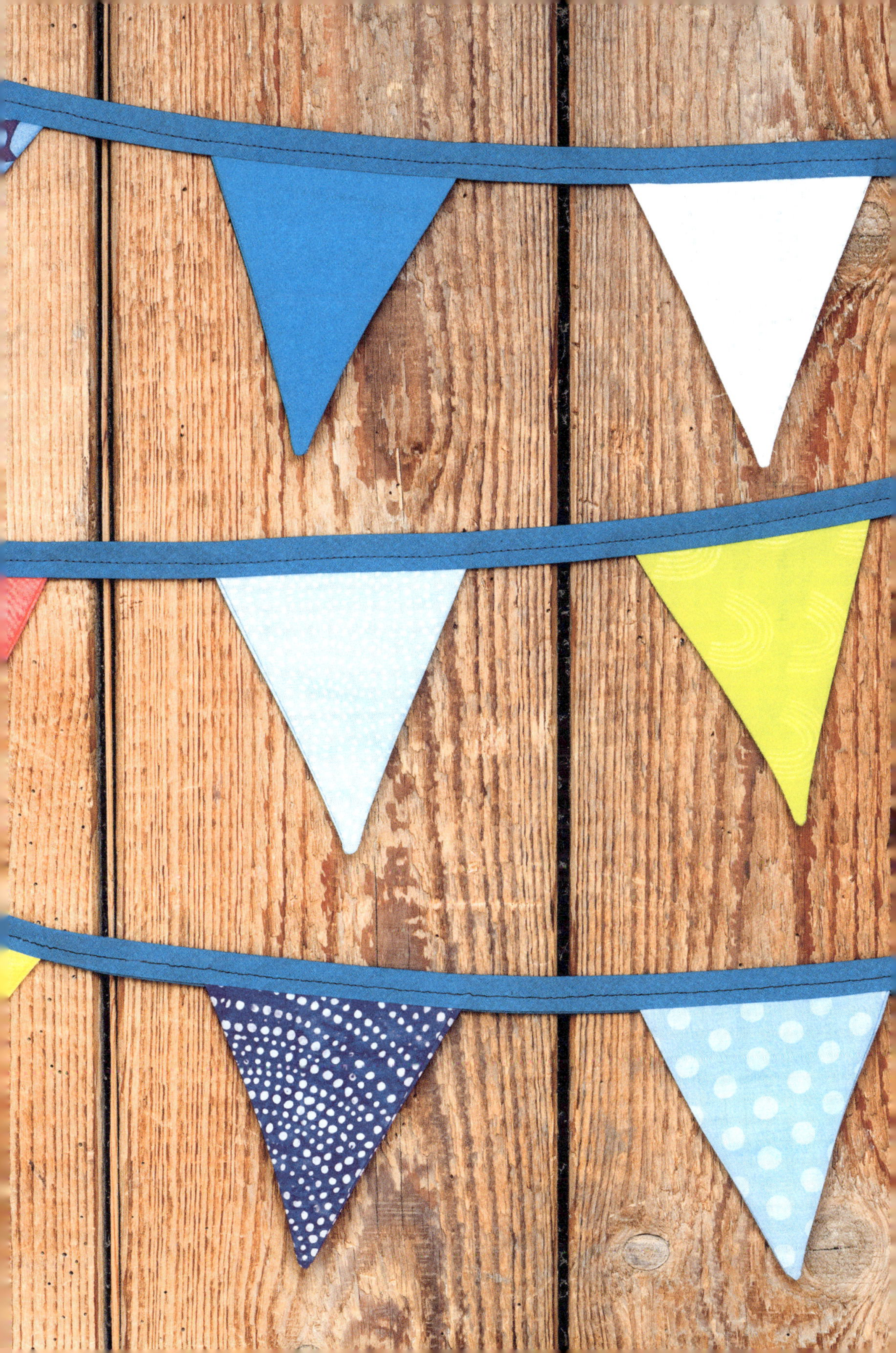

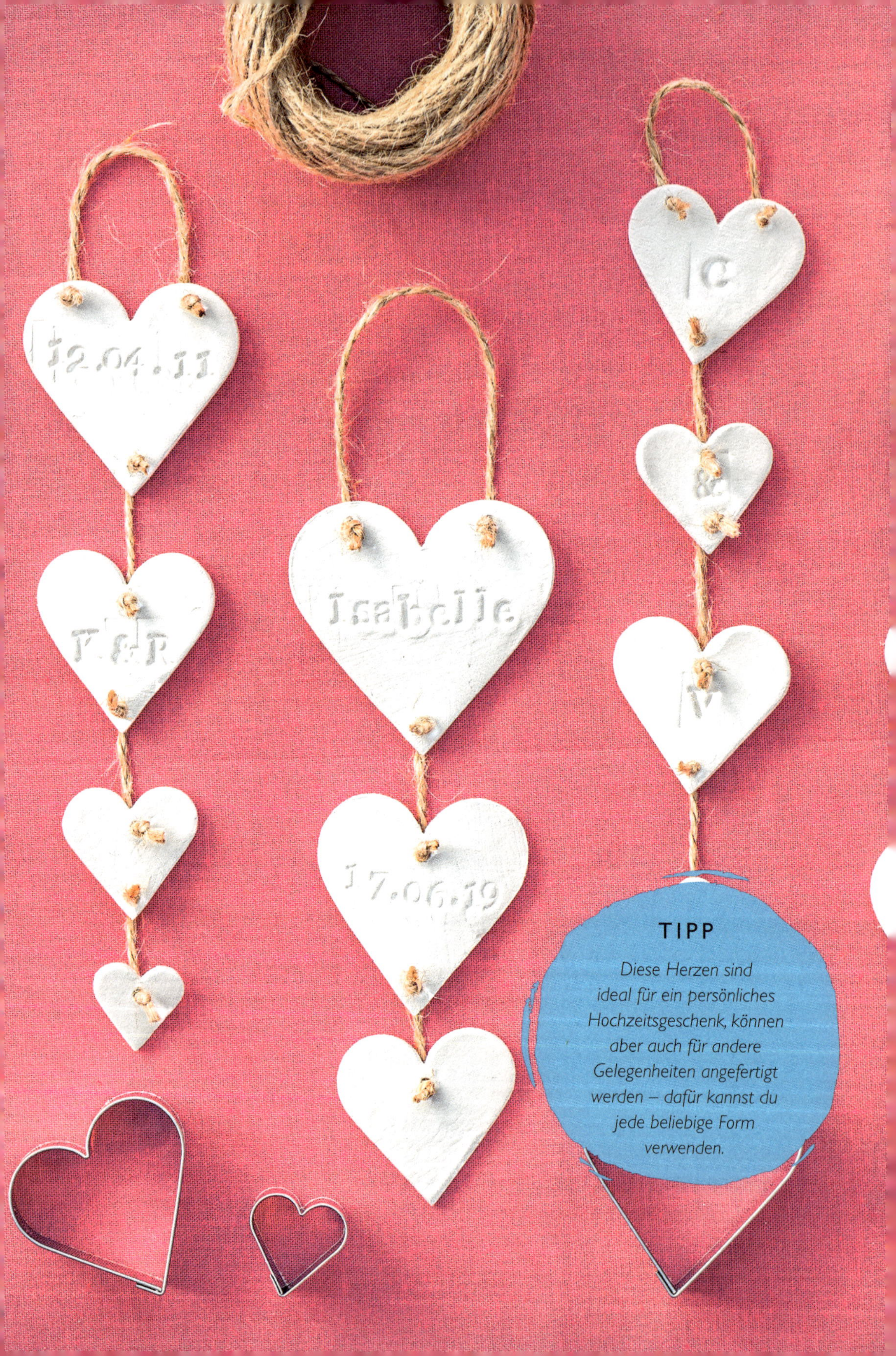

TIPP

Diese Herzen sind ideal für ein persönliches Hochzeitsgeschenk, können aber auch für andere Gelegenheiten angefertigt werden – dafür kannst du jede beliebige Form verwenden.

Hängende Herzen

Mit diesen personalisierten Keramikherzen kannst du Symbole ewiger Zuneigung verschenken.

SO GEHT'S

Material

lufttrocknender Ton

Teigrolle

Plätzchenausstecher in Herzform (oder auch in anderen Formen)

Buchstaben-Stempel

Cuttermesser oder Stift

Schnur oder Band

1. Etwas Ton (weniger als faustgroß) ausrollen, bis er etwa 0,5 cm dick ist.
2. Mit dem Herzausstecher drei oder vier Herzen ausstechen. In das erste Herz mit einem Cuttermesser oder dem Deckel eines Kugelschreibers oben zwei Löcher und unten ein Loch stechen. Dann in die nächsten Herzen oben und unten jeweils nur ein Loch stechen. Das letzte Herz braucht nur oben ein Loch.
3. Mit den Buchstaben-Stempeln beliebige Wörter in die Herzen drücken.
4. Den Ton ein oder zwei Tage trocknen lassen, bis er ganz weiß ist. Zum Aufhängen einen Knoten in eine Schnur oder ein Band machen und dieses dann durch die Löcher des oberen Herzens fädeln und mit einem zweiten Knoten sichern. Dann die restlichen Herzen mit Schnur anknoten.

Fadenbild mit Herz

Setze Zeichen der Liebe mit diesem einzigartigen Kunstwerk, das ganz simpel zu machen ist. Die Größe und Farbe deines fertigen Herzens hängen von den Materialien ab, die du zur Verfügung hast. Also experimentiere ruhig mit vielen Fäden und Bändern.

Material

rustikale Holzplatte, am besten etwa 30 cm x 20 cm

Herzschablone aus Papier, die auf das Holz passt

kleine Nägel

Hammer

farbige Wolle oder dickes Garn

SO GEHT'S

1. Die Papierschablone auf ein Holzstück beliebiger Größe legen – auch ein kleineres Holzstück ist geeignet.
2. Die Nägel rund um die Schablone einschlagen. Sie dürfen nicht zu tief im Holz sitzen; und keine Sorge wegen des Papiers, das wird zum Schluss abgenommen. Der Abstand zwischen den Nägeln sollte etwa 1 cm betragen.
3. Wenn alle Nägel eingeschlagen sind, das Papier abnehmen. Darauf achten, dass es vollständig entfernt ist und nur die in Herzform angeordneten Nägel zurückbleiben.
4. Die Wolle oder das Garn zunächst unten am Herz verknoten und dann um die Herzform herumführen. Dabei an der oberen Mitte den Faden einmal um den Nagel wickeln und dann weiter an der Kontur fortfahren.

5. Wenn der Umriss fertig ist, die Wolle in beliebiger Richtung von einer zur anderen Seite über Kreuz spannen und dabei jeweils um die Nägel wickeln. Man muss keinem bestimmten Muster folgen, das Herz sollte nur innen gleichmäßig gefüllt werden.

6. Zum Schluss den Faden noch einmal um die Kontur führen und dann nach unten zu der Stelle, wo er anfangs verknotet wurde. Die Enden fest zusammenknoten und zurückschneiden. Wenn das Herz aufgehängt werden soll, einen Haken an der Rückseite des Holzes befestigen.

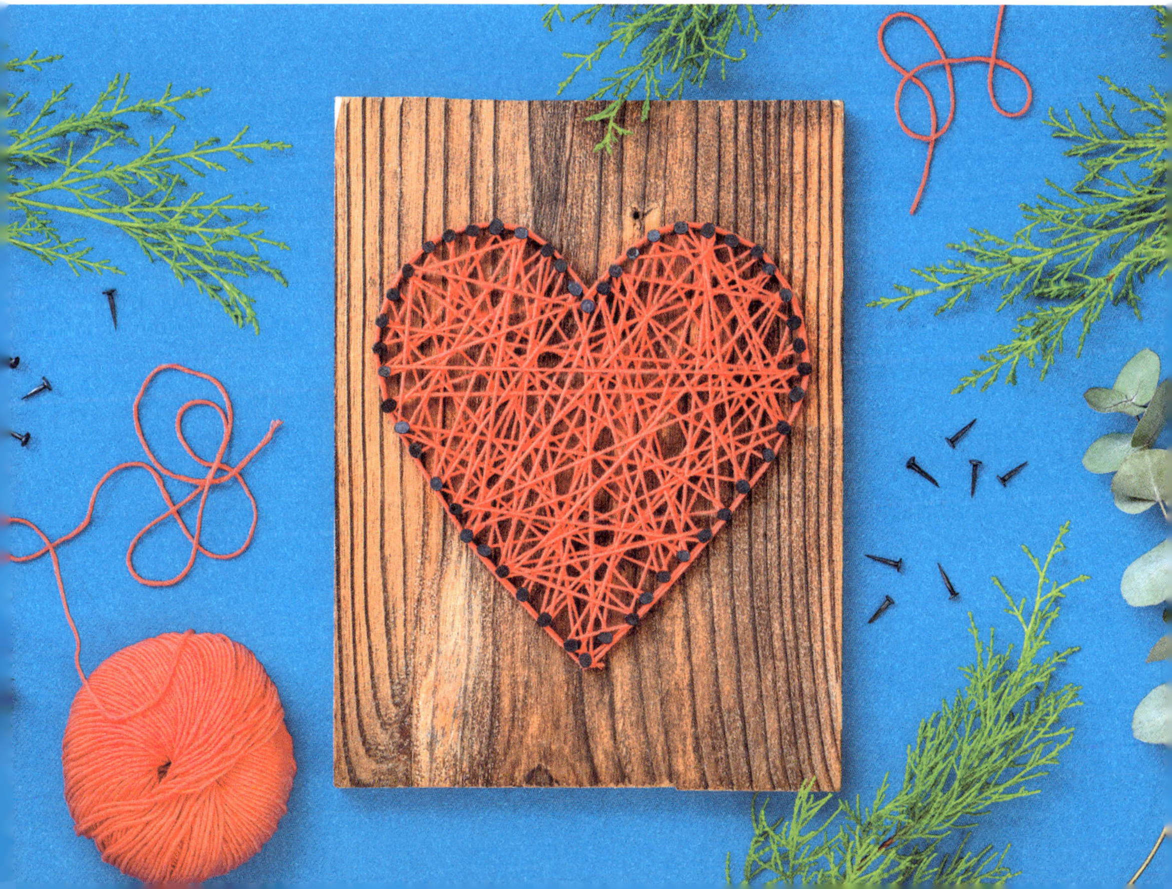

Kleine Krimskrams-Schälchen

Vegane Hundekekse

Kauspielzeug für Hunde

Katzenspielzeug in Mäuseform

Für Tierfreunde

Zero-Waste-Geschenke gibt es nicht nur für Zweibeiner – wer mag, kann sein Öko-Mantra auch auf seine tierischen Lieblinge anwenden.
Tierfreunde mögen bestimmt die süßen Porträt-Schälchen als niedliches Accessoire auf dem Nachttisch, während sich deine hundebegeisterten Arbeitskollegen über das neue Hunde-Spielzeug aus T-Shirt-Stoff freuen dürften. Und vielleicht verschafft es sogar den Tischbeinen willkommene Schonung.
Auch an Spielzeug für die Miezen haben wir gedacht.
Die Maus mit Katzenminze ist einfach herzustellen und bietet eine tolle Möglichkeit, alte Hemden zu verwerten. Sieh mal, wie begeistert sich deine Katze daraufstürzt!
Ein echter Leckerbissen für Bello sind die veganen Hundekekse. Du erhältst dafür vielleicht kein Dankeschön, aber ein Schwanzwedeln kann mehr sagen als tausend Worte.
Und das begeistert dann auch jeden Hundefreund.

Kleine Krimskrams-Schälchen

Schenke deiner tierlieben Freundin mit diesem supersüßen Schälchen, in dem man perfekt Schmuck oder anderen Krimskrams ablegen kann, ein lustiges Abbild ihres vierbeinigen Lieblings. Es ist auch das ideale Dankeschön für deine liebe Nachbarin oder Mutter, die während deines Urlaubs deinen Hund oder deine Katze betreut hat.

SO GEHT'S

Material

lufttrocknender Ton

kleine Schale mit hohem Rand, als Model

Teigrolle

Bleistift und Papier

Cuttermesser

Schmirgelpapier

Farbstifte

1. Die Schale, die als Model verwendet wird, umdrehen und die Kontur auf Papier übertragen. Die Umrisse des Motivs in diesen Kreis zeichnen, z. B. Gesicht und Ohren eines Tiers. Die Schablone ausschneiden.
2. Eine Handvoll Ton etwa 0,5 cm dick ausrollen. Dabei den Ton zwischendurch immer wieder wenden, damit er überall gleich dick wird.
3. Die Schablone darauflegen und mit dem Cuttermesser ausschneiden. Überschüssigen Ton entfernen und die Form dann vorsichtig in die Schale legen. Sanft hineindrücken, damit das Material auf dem Boden und den Seitenwänden anliegt. Mit feuchten Fingern Falten und Unebenheiten ausstreichen.

4. Den Ton zwei oder drei Tage trocknen lassen und anschließend vorsichtig aus der Form lösen. Mit Schmirgelpapier Unebenheiten glatt schmirgeln. (Dafür am besten draußen oder bei geöffnetem Fenster arbeiten, um den Staub nicht einzuatmen.)

5. Mit Farbstiften anmalen.

TIPP

Wenn du noch alte Acrylfarben hast, kannst du auch diese anstelle der Farbstifte verwenden – aber kaufe keine neuen Farben, das wäre nicht sehr umweltfreundlich!

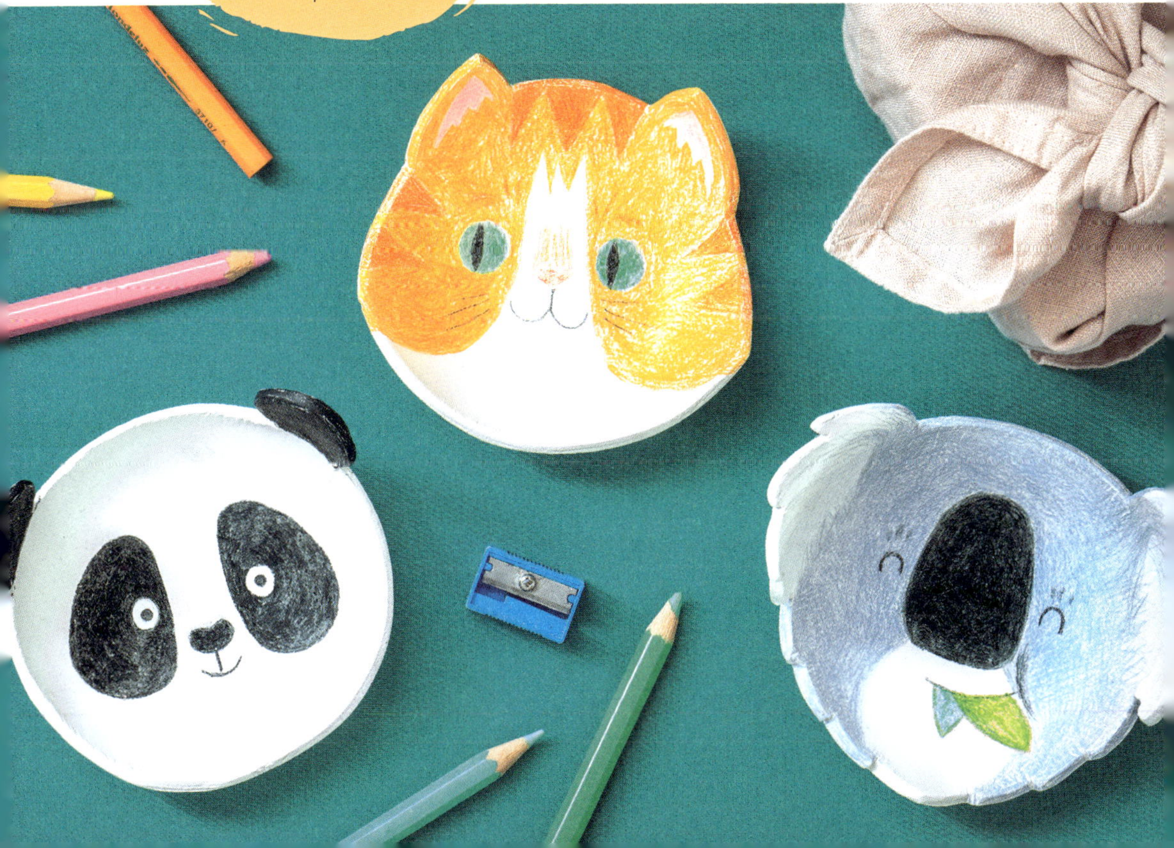

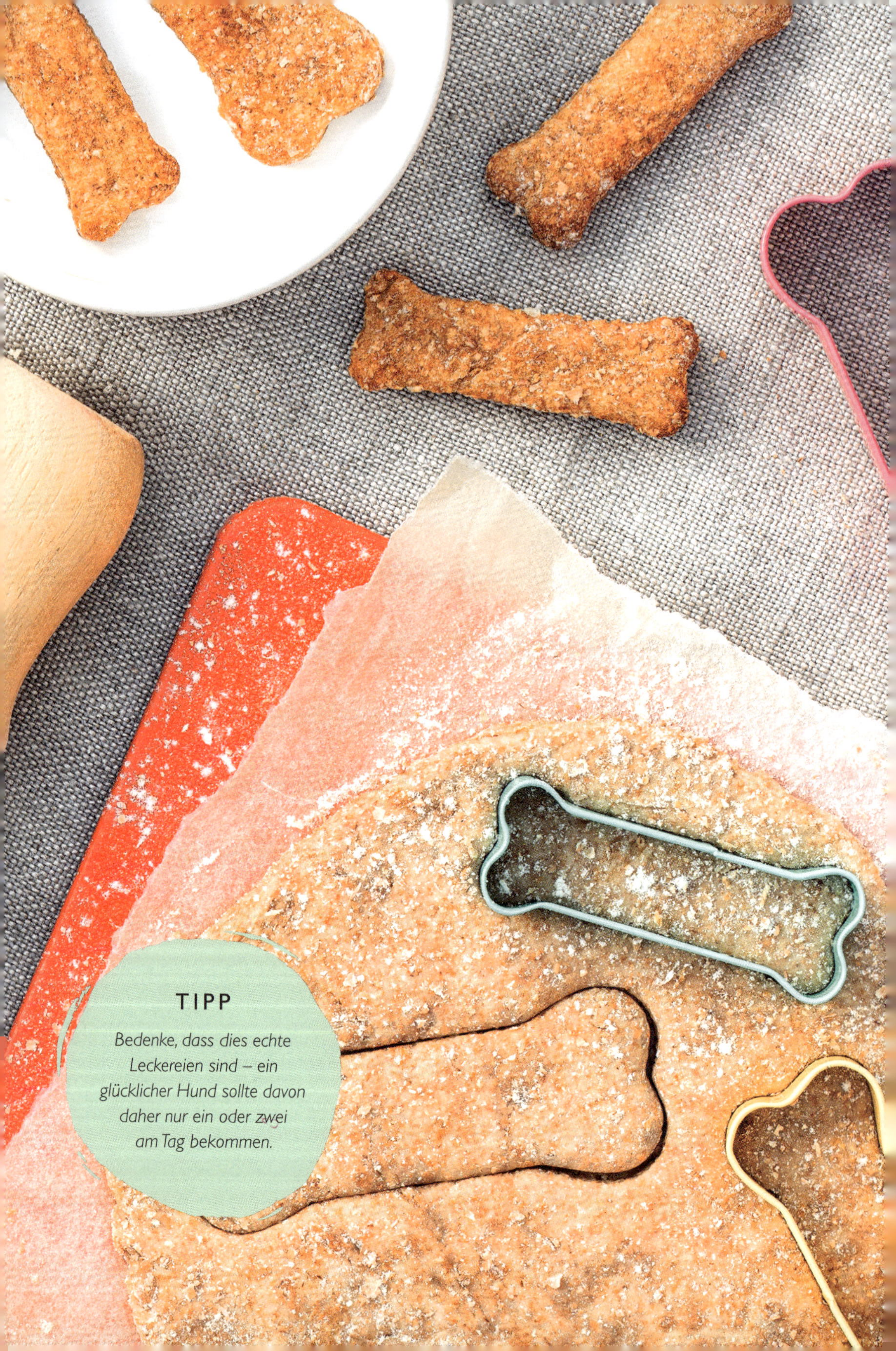

TIPP

Bedenke, dass dies echte Leckereien sind – ein glücklicher Hund sollte davon daher nur ein oder zwei am Tag bekommen.

Vegane Hundekekse

Diese veganen Kekse sind echte Leckerbissen
für deinen vierbeinigen Freund.

SO GEHT'S

Material

(ergibt etwa 12 Kekse, je nach Größe der Ausstechförmchen)

130 g Vollkornmehl (alternativ Hafer- oder Reismehl, falls dein Hund eine Glutensensitivität hat)

2 reife Bananen

80 g weiche Bio-Erdnussbutter (sie sollte für Hunde geeignet sein und kein Xylit enthalten)

Teigrolle

Ausstecher in Form eines Hundeknochens oder ein Messer

Backblech

Backpapier

1. Die Bananen schälen und mit der Erdnussbutter in einer Schale zerquetschen, bis eine glatte Masse entsteht.
2. Die Hälfte des Mehls hinzufügen und sorgfältig unterrühren, dann die andere Hälfte untermischen.
3. Den Teig mit den Händen zu einer Kugel formen und auf eine gut bemehlte Arbeitsfläche legen. Etwa 1 cm dick ausrollen. Nach Bedarf die Teigrolle bemehlen.
4. Mit einem Ausstecher in Hundeknochen-Form oder einem Messer so viele Kekse wie möglich ausstechen und auf ein mit Backpapier belegtes Backblech legen. Teigreste verkneten und nochmals ausrollen, bis alles aufgebraucht ist.
5. Die Kekse in der Mitte mit einer Gabel einstechen, damit der Dampf entweichen kann. Im auf 160 °C vorgeheizten Ofen 30 Minuten backen. Nach dem Abkühlen in einem verschlossenen Glas aufbewahren.

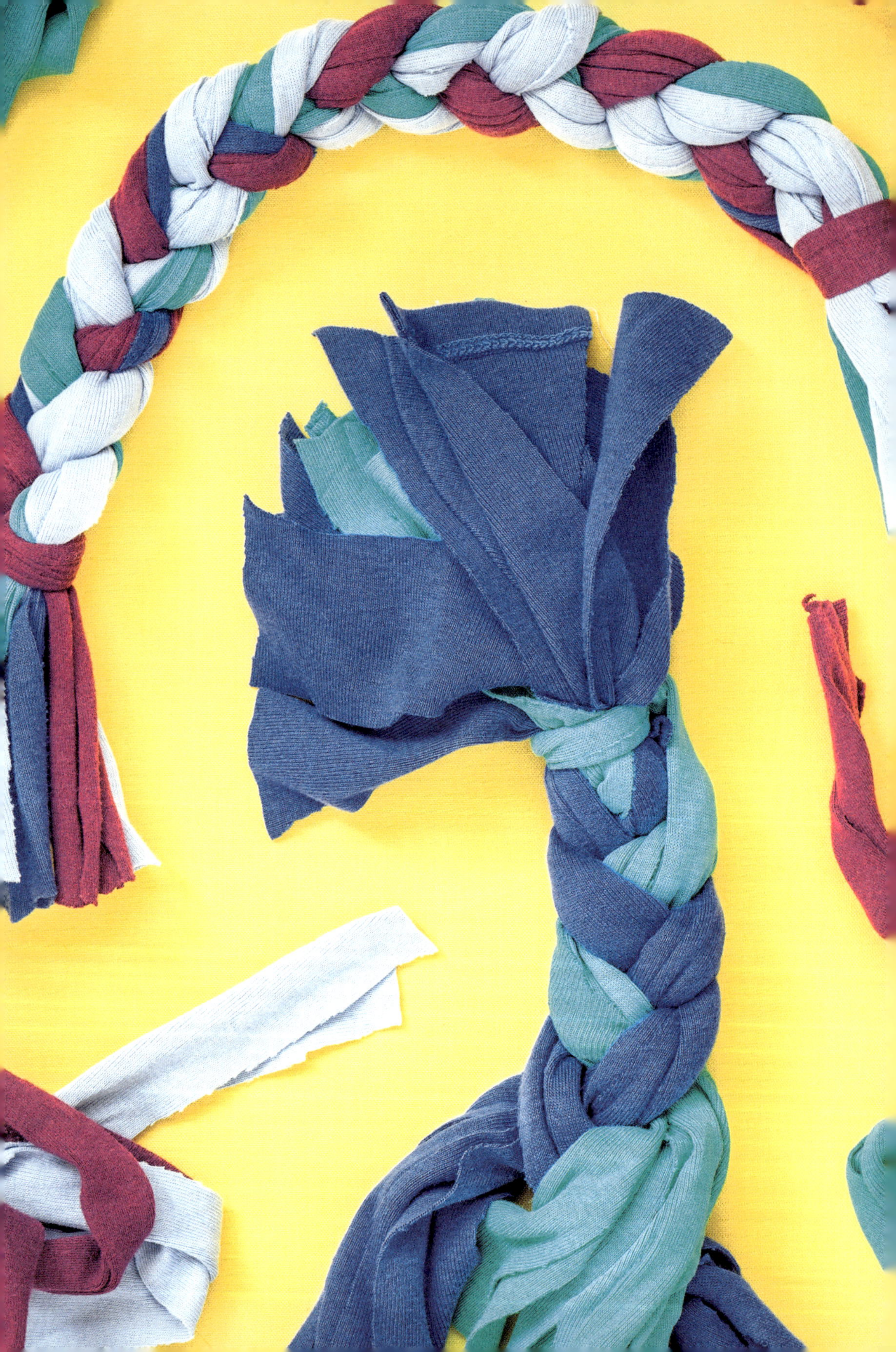

Kauspielzeug für Hunde

Suchst du eine günstige und umweltfreundliche Möglichkeit, wie du deinen Hund mit einem neuen Spielzeug verwöhnen kannst? Um dieses einzigartige Kauspielzeug anzufertigen, braucht man wenig Aufwand und Material, erntet aber als Dank viel Schwanzwedeln. Und auch andere Hundebesitzer freuen sich, wenn du ihnen so etwas schickst.

SO GEHT'S

Material

2 oder 3 alte T-Shirts, je nachdem wie bunt das Spielzeug werden soll

Stoffschere

1. Eines der T-Shirts in lange, etwa 5–7 cm breite Streifen schneiden. Dasselbe mit dem anderen T-Shirt wiederholen, bis 11, 14 oder 17 Streifen entstanden sind, je nachdem, wie dick das Spielzeug werden soll.
2. Bis auf 2 Streifen alle zusammenfassen und mit einem der übrigen an einem Ende zusammenbinden, dabei 5 cm stehen lassen.
3. Die Streifen in 3 gleich dicke Teile aufteilen und verflechten. Kurz vor dem Ende mit dem anderen übrigen Streifen zusammenbinden. Überstehende Enden zurückschneiden.

TIPP

Dieses Kauspielzeug kann auch aus anderen alten Stoffresten angefertigt werden. Aber der Stoff sollte sauber sein und darf nicht leicht ausfransen.

Katzenspielzeug in Mäuseform

Ein einfaches, aber niedliches Spielzeug, für das alte Hemden, Tops oder Jacken prima verwertet werden können. Diese selbst genähten Stoffmäuse werden bei deinen Katzenfreunden gut ankommen.

SO GEHT'S

Material

Reste von dicken Stoffen, etwa von Cord, Jeans oder Anzugstoff etc.

Nadel

Stickgarn

Bügelvlies

Bügeleisen

Füllmaterial (besonders umweltfreundlich sind alte Stoffreste)

getrocknete Katzenminze (optional)

weiße Schnur

1. Die blauen Formen von Seite 126 auf Papier übertragen und als Schablone für den Stoff verwenden.

2. Das Stück für die Unterseite und ein Seitenteil aus Stoff ausschneiden. Dann die Schablone für das Seitenteil umdrehen und ein spiegelverkehrtes Stück aus Stoff ausschneiden.

3. Für den Schwanz drei Fäden weiße Schnur verflechten und beide Enden verknoten. Der Schwanz sollte etwa 7 cm lang sein. Für die Ohren zwei Stoffstückchen mit Bügelvlies verstärken. Dann mithilfe der Schablone die Ohren aus dem verstärkten Stück zuschneiden.

4. Die Seitenteile des Körpers rechts auf rechts (d. h. mit den Seiten, die später außen liegen sollen) aufeinanderlegen und an den Rundungen feststecken. Die gerade untere Kante an das Stoffstück für die Unterseite stecken, sodass alle drei Teile für den Körper aneinandergefügt sind. Den Schwanz hineinschieben und anheften (zwischen die zusammengesteckten Teile schieben, sodass ein verknotetes Ende nach innen zeigt).

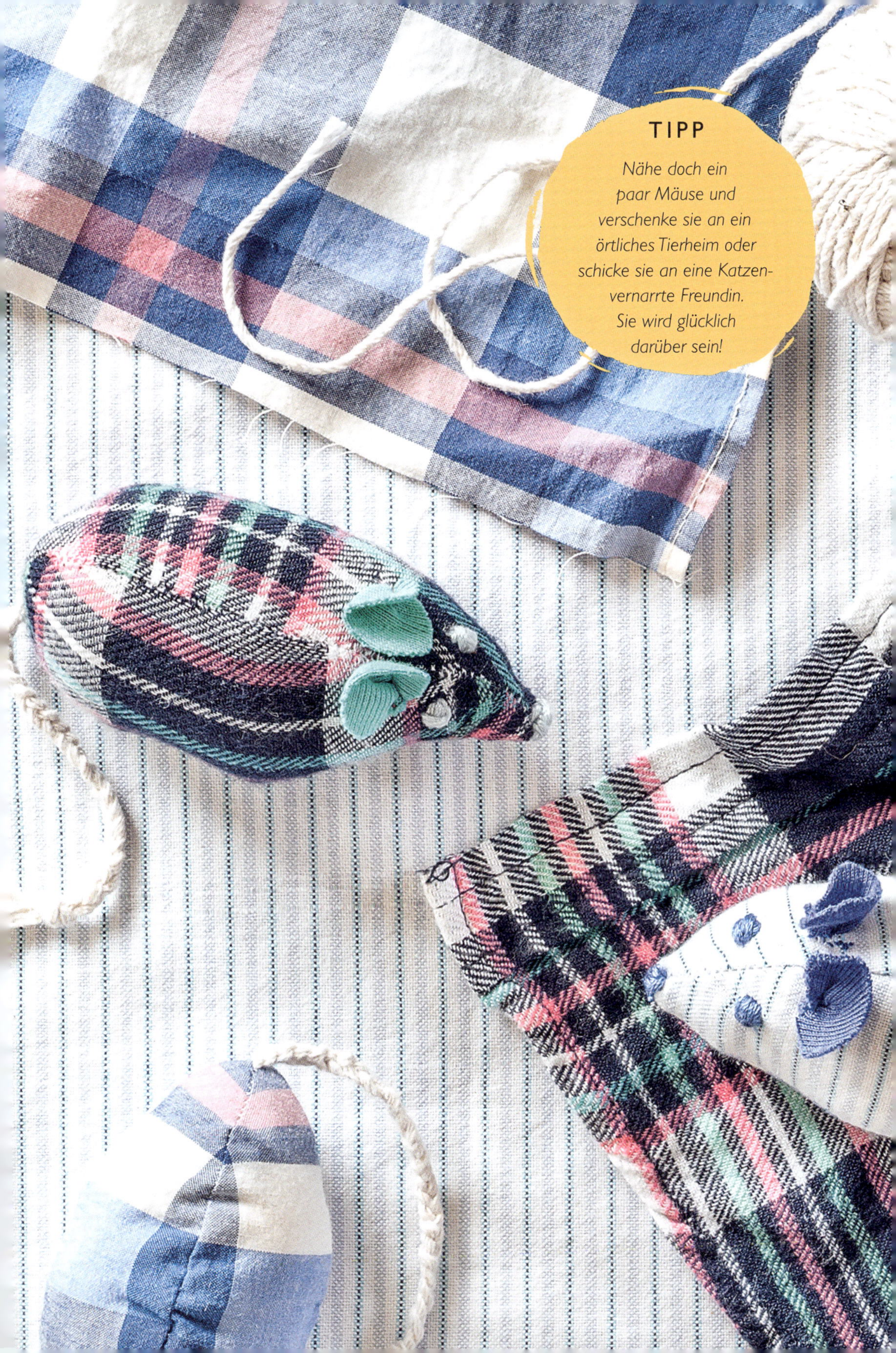

TIPP

Nähe doch ein paar Mäuse und verschenke sie an ein örtliches Tierheim oder schicke sie an eine Katzen-vernarrte Freundin. Sie wird glücklich darüber sein!

5. Mit einer Nahtzugabe von 0,5 cm zusammennähen, dabei den Schwanz mitfassen und hinten neben dem Schwanz eine kleine Öffnung lassen. Den Körper auf rechts wenden und ausstopfen. Nach Belieben vor dem Zunähen noch etwas Katzenminze hineingeben.

6. Die Ohren zur Hälfte falten und mit kleinen Stichen an den Körper nähen. Mit einem beliebigen Garn und Rückstichen zwei Augen und eine Nase auf das Gesicht sticken.

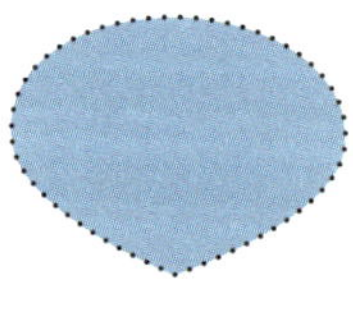

Materialien

Für die Anfertigung von umweltfreundlichen Geschenken braucht man etwas Geduld und Vorbereitung. Hier gibt es ein paar Tipps und Tricks, damit du am Ende genügend umweltbewusste Werkzeuge und Hilfsmittel zur Verfügung hast.

UMWELTFREUNDLICHE VERPACKUNG / Stöbere nach Materialresten und wiederverwendbaren Stoffresten sowie alten Büchern, Zeitschriften oder Briefen, die der Verpackung einen Hauch von Mysterium und Romantik verleihen. Bewahre Schnüre und Bänder auf und investiere in eine gute Stoffschere.
Für selbst gemachte Karten solltest du dir einen Vorrat an alten Karten und Washi Tapes sowie Fäden und Garn zulegen.

NACHHALTIGES ZUHAUSE / Für die Herstellung von Sojawachstuch benötigt man Pinsel sowie Stoffe in verschiedenen Mustern. Glasbehälter wie Ginflaschen, alte Marmeladengläser usw. kann man immer gut gebrauchen. Halte einen Vorrat an kleinen Nägeln/Klammern sowie Schnur und Seil in verschiedenen Längen und Stärken bereit.

PFLANZEN-POWER / Bewahre alte Pflanztöpfe, Gläser und Behälter auf und lege dir Werkzeuge wie eine Schere, scharfe Messer zum Schneiden von Ton und Schmirgelpapier bereit.
Man muss keinen grünen Daumen haben, um diese Geschenke anzufertigen – die Pflanzen brauchen nur etwas Pflege und Aufmerksamkeit. Außerdem Pflanzerde (und für die Sukkulenten spezielle Sukkulentenerde). Washi Tape ist nützlich, wenn du dein Geschenk kreativ verzieren möchtest. Und achte auf den richtigen Platz für deine hübschen Pflanzen.

PFLEGE UND KOSMETIK / Lege dir einen Vorrat an ätherischen Ölen zu, damit du immer zum entsprechenden Lieblingsduft greifen kannst, wenn du die Geschenke machst. Zögere nicht, mit den Zutaten zu experimentieren. Eine gute Waage ist nützlich, wenn du kleine Mengen anfertigst. Lege dir einen Vorrat an festen, schönen Stoffen zu, ebenso getrockneten Lavendel, Zitronensäure und Natron sowie alten Frotteestoff und Handtücher, denn daraus kannst du wunderbar umweltfreundliche Reinigungsprodukte herstellen. Bewahre auch alte Tuben und Gefäße von Lippenpflege auf und befülle sie wieder.

FÜR UNTERWEGS / In diesem Kapitel wird viel mit Stoff gearbeitet. Wenn du also eine Nähmaschine besitzt, ist sie hier besonders nützlich. Alle Geschenke können auch von Hand genäht werden, daher brauchst du Stickgarn, Nadeln und Stecknadeln, ebenso eine gute Stoffschere und Maßband. Wenn du noch nicht so im Nähen geübt bist, kannst du dir dazu YouTube-Tutorials ansehen – dann gelingt dir alles schon bald so wie den Profis. Besorge dir auch Gummiband und Sicherheitsnadeln.

FEIERLICHE ANLÄSSE / Künstlerzubehör wie Bleistifte, Pauspapier und Lineale gibt es in hübscher, künstlerischer Aufmachung. Zum Färben von großen Stoffstücken brauchst du große Töpfe. Stelle dir auch ein Bügelbrett und -eisen bereit, um den Stoff zuerst zu bügeln. Außerdem brauchst du Sojawachs, alte Gläser, Gummibänder, einen Brandmalerei-Lötkolben, alte Glasflaschen, lufttrocknenden Ton, Kerzen und Holzstücke.

FÜR TIERFREUNDE / Für diese Geschenke ist festes Material am besten geeignet, wenn du möchtest, dass die Tiere möglichst lange Spaß daran haben. Sammle alte Gläser mit Deckel, um die Hundekekse darin sicher verschlossen aufzubewahren. Lufttrocknender Ton wird für Geschenke mit Tierthemen benötigt. Lege dir auch einen Vorrat an alten T-Shirts, Hemden und Jeans zu.